Christian COURTONNE

J'APPRENDS MES KATAS

Préface de Guy DRUT

Illustrations par Axel PÉRIGNON

Chiron
ÉDITEUR

Du même auteur à la même librairie

ANATOMIE DU KARATÉ
PHYSIQUE ET KARATÉ

DANGER
LE PHOTOCOPILLAGE TUE LE LIVRE

ISBN : 2-7027-0583-9

25, rue Monge - 75005 PARIS

Préface

Tout sportif débutant souhaite bénéficier des conseils de sportifs expérimentés pour progresser et franchir les étapes fondamentales propres à chaque discipline sportive. Avec ce nouvel ouvrage, Christian COURTONNE, ancien champion de karaté, offre aux nouveaux karatékas la possibilité d'apprendre rapidement les gestes exacts des katas de base, permettant ainsi d'accéder à la ceinture marron.

Kinésithérapeute et pédagogue reconnu, Christian COURTONNE décrit avec simplicité et rigueur les séquences de chaque kata. Par la lecture de ce livre, tous les amateurs de karaté, jeunes et moins jeunes, retrouveront avec plaisir l'esprit qui règne dans chaque dojo de France, faisant déjà de cet ouvrage un « classique ».

Bonne lecture et bon courage

Guy DRUT

Avant-propos

Ce livre s'adresse à tous les débutants, quel que soit leur âge, qui apprennent leurs katas.
Un kata est un combat imaginaire contre plusieurs adversaires. Il est l'occasion d'assimiler progressivement des techniques dont la difficulté croît progressivement.
Le kata présente aussi une autre utilité. C'est un exercice qui doit être répété des centaines et des centaines de fois et permet ainsi de façonner le corps, le muscler, l'assouplir, le durcir.

Le programme présenté dans cet ouvrage va de la ceinture blanche (9e kyu) à la ceinture marron (3e kyu).

Les cinq katas Heian (Heian-Shodan, Heian-Nidan, Heian-Sandan, Heian-Yodan, Heian-Godan) ont été créés à partir d'un kata de 64 mouvements (Kanku-Dai). Ce kata est l'un des plus longs katas Shotokan. Il comporte toutes les techniques de base de cette école, que ce soient les blocages ou les attaques. Les maîtres, pour faciliter la progression des débutants, ont décidé de le diviser en cinq katas de base.

Le déroulement des grades est le suivant :

9e kyu ceinture blanche	
8e kyu ceinture jaune	Heian-Shodan
7e kyu ceinture orange	Heian-Nidan
6e kyu ceinture verte	Heian-Sandan
5e kyu ceinture bleue	Heian-Yodan
4e kyu ceinture violette	Heian-Godan
3e kyu ceinture marron	Tekki-Shodan

Il s'agit de la progression japonaise dans la méthode Shotokan. Ainsi, à chaque passage de grade, vous présenterez un kata nouveau qui comprendra chaque fois de nouvelles techniques et de nouvelles positions.
Toutes les techniques sont présentées dans cet ouvrage sous plusieurs incidences de manière à en faire ressortir les différentes articulations.
Une grande difficulté pour les débutants est de se déplacer dans l'espace. Pour faciliter vos exercices, votre placement dans le dojo sera chaque fois indiqué par une illustration.

Votre dojo

Le dojo est le lieu où l'on s'entraîne. Ce n'est pas une simple salle de sport, mais un endroit où règne tout d'abord une atmosphère particulière.
On s'entraîne sur un parquet. Des glaces sont disposées sur un pan de mur pour que l'on puisse corriger ses défauts. Le portrait de maître Funakoshi, le créateur du karaté moderne, est accroché sur un autre mur.
Pour durcir vos attaques, vous trouverez un ou plusieurs paillassons (makiwara), ainsi qu'un sac de frappe.

Cet univers unique forme le cadre de ce livre où vous serez sans cesse guidé dans votre apprentissage. Le portrait de maître Funakoshi sera ainsi chaque fois dans l'axe principale du kata, pour repère.

Tout les axes des katas sont par ailleurs matérialisés sur le sol avec des teintes différentes.

Tous les katas démarrent le long de l'axe noir, sur la gauche. A chaque départ, vous êtes face au portrait de maître Funakoshi. Le talon de votre pied droit est à l'intersection de l'axe noir et de l'axe gris qui lui est perpendiculaire. Dans la deuxième séquence des katas, vous vous déplacez le long de cet axe gris, qui se dirige vers le portrait de maître Funakoshi. Au bout de cet axe se trouve l'axe blanc qui lui est perpendiculaire et donc parallèle à l'axe noir. La troisième séquence du kata se déroule généralement le long de cet axe blanc. Puis, vous revenez le long de l'axe gris et terminez le long de l'axe noir. Le retour se fait avec le talon droit à l'intersection de l'axe noir et de l'axe gris, face au portrait de maître Funakoshi.

Vous n'aurez donc qu'à vous laisser guider par ces axes. Pour faciliter plus encore votre apprentissage, l'incidence des dessins a été choisie de façon à pouvoir vous donner une vue surplombante des mouvements. C'est donc vous qui réaliserez le kata tout au long de l'ouvrage. Vous vous identifierez au personnage et vous vous laisserez guider par ses gestes.

L'incidence étant la même dans toutes les pages de droite, vous pouvez suivre votre progression au retour.

Autre astuce de présentation importante : en haut et à gauche de chaque page de droite, un petit schéma vous permet de vous situer dans le dojo. Vous êtes ainsi toujours localisé dans l'espace.

Sur les pages de gauche, vous trouverez toutes les explications nécessaires accompagnées d'un dessin détaillant la technique précise du mouvement.

Les techniques sont d'abord présentées en français, puis en japonais.

A l'occasion de chaque mouvement est d'abord présenté le pied d'appui autour duquel vous allez vous déplacer. Il est entendu que le pied d'appui ne reste pas strictement immobile, il pivote à l'occasion des rotations qui accompagnent les changements d'axe.

Vous savez que, d'un pays à l'autre, d'une école à l'autre, l'apprentissage peut avoir des variantes ; dans tous les cas, cependant, la base technique reste la même. Pour qu'aucun professeur ou élève ne s'y perde, toutes les versions connues des katas sont ici présentées.

Encore quelques mots sur l'exécution des katas.

Retenez bien que chaque changement d'axe est précédé d'un mouvement du regard et de la tête, et qu'à chaque déplacement il faut regrouper l'ensemble de ses membres, c'est-à-dire que le pied qui se déplace commence par se rapprocher du pied d'appui pour ensuite s'en écarter, en avançant ou en tournant.

N'oubliez pas les kiais qui aident à l'explosion des techniques. Ils sont au nombre de deux par kata et sont indiqués.

Apprenez dès le début de votre formation le tempo des katas. Certaines étapes s'enchaînent rapidement ; d'autres demandent un temps d'arrêt.

Le tempo est indiqué à la fin de chaque kata ; une virgule marque un enchaînement rapide, un trait d'union signifie un temps d'arrêt. Au début du kata Heian-Shodan, le rythme est le suivant : 1,2–3–4,5. Il faut donc marquer une pause à la deuxième et à la troisième étapes, enchaîner rapidement la première et la deuxième, ainsi que la quatrième et la cinquième étapes.

L'application des katas (bunkai)

Pour la première fois, vous trouverez dans un seul ouvrage les explications permettant d'apprendre un kata, mais aussi la totalité des applications en combat.
Selon la méthode suivie dans la première partie concernant les pages de droite, vous réaliserez vous-même les applications face à des adversaires. Afin que vous puissiez vous reconnaître, votre visage, vos bras et vos jambes apparaîtront en gris. Selon les usages japonais, votre nom est Tori et votre partenaire s'appelle Uke.
Sur la page de gauche, la totalité des détails se trouve expliquée.
Rappelez vous que la pratique des bunkais est aussi importante que l'apprentissage de la forme des katas.
Les applications qui sont indiquées sont les plus élémentaires. Il faut commencer par celles-ci. Tout au long de votre pratique, vous allez les enrichir et les compléter.

Avec cet ouvrage, vous allez donc franchir toutes les étapes de la ceinture jaune à la ceinture marron. C'est maintenant à vous de travailler. Bon courage pour votre progression.

LE SALUT

Avant de réaliser un kata vous devez effectuer un salut, qui est une marque de respect pour la discipline que vous pratiquez, mais aussi une phase de concentration avant la réalisation du kata.

Etape 1. Position naturelle ***Shizentai***. Les jambes sont en position ***Hachiji-Dachi***.

Position Shizentai
Etape 1

Musubi-Dachi
Etape 2

Etape 2. Le talon droit rejoint le talon gauche. Les pointes des pieds sont écartées. Les bras sont tendus, les mains se placent sur le côté des cuisses (position ***Musubi-Dachi***).

Etape 3. Salut, par une inclinaison du buste (***Rei***).

Etape 4. Retour à la position ***Musubi-Dachi***. Vous pouvez annoncer le kata que vous allez réaliser à cette étape ou à l'étape 5.

Etape 5. Retour à la position ***Shizentai***.
Deux manières de réaliser ce retour. Vous écartez le pied droit de la largeur des hanches ou bien écartez un peu le pied droit puis un peu le pied gauche. Si vous n'avez pas annoncé le kata que vous allez réaliser à l'étape 4, vous pouvez l'annoncer maintenant.

Rei
Etape 3

Musubi-Dachi
Etape 4

Position Shizentai
Etape 5

HEIAN-SHODAN

平 安 初 段

HEIAN-SHODAN

平 安 初 段

Ce kata est demandé pour la ceinture jaune (8e kyu).

Le kata Heian-Shodan est le kata d'initiation dans lequel sont étudiées toutes les techniques de base du karaté Shotokan. Il comporte 21 mouvements regroupés en cinq séquences.

Ce kata ne comporte que trois positions :
- fente avant ou Zenkutsu-Dachi (à l'étape 4, l'attaque est réalisée en position Zenkutsu-Dachi haute) ;
- fente avant en position Zenkutsu-Dachi plus haute encore (Renoji-Dachi) ;
- fente arrière ou Kokutsu-Dachi.

Ce kata ne comporte que des techniques de bras. Celles-ci sont, dans l'ordre d'apparition dans le kata :
- blocage bas (Gedan Barai) aux étapes 1, 6, 10, 12, 14 ;
- attaque par un coup de poing direct à l'estomac (Chudan Oi-Zuki) aux étapes 2, 5, 11, 13, 15, 16, 17 ;
- attaque avec le poing en marteau (Tetsui-Uchi) à l'étape 4 ;
- blocage au niveau du visage (Jodan Age-Uke) aux étapes 7, 8, 9 ;
- blocage la main en sabre (Shuto-Uke) aux étapes 18, 19, 20, 21.

Il existe deux kiais :
- l'un à la fin de la deuxième séquence Jodan Age-Uke (étape 9) ;
- l'autre à la fin de la quatrième séquence (Chudan Oi-Zuki) (étape 17).

Le kata se compose de cinq séquences.

- La première séquence se déroule le long de l'axe noir.
  Elle comporte cinq mouvements.
  - Etape 1 : Gedan Barai,
  - Etape 2 : Chudan Oi-Zuki,
  - Etape 3 : Gedan Barai,
  - Etape 4 : Testsui-Uchi,
  - Etape 5 : Chudan Oi-Zuki.
- La deuxième séquence se déroule le long de l'axe gris.
  Elle comporte quatre mouvements.
  - Etape 6 : Gedan Barai,
  - Etape 7, 8, 9, : trois Jodan Age-Uke en avançant.
- Premier kiai.
- La troisième séquence se déroule le long de l'axe blanc.
  Elle comporte quatre mouvements.
  - Etape 10 : Gedan Barai,
  - Etape 11 : Chudan Oi-Zuki,
  - Etape 12 : Gedan Barai,
  - Etape 13 : Chudan Oi-Zuki.

- La quatrième séquence se déroule le long de l'axe gris, en retour.
  Elle comporte, comme à l'aller, quatre techniques.
  Etape 14 : Gedan Barai,
  Etapes : 15, 16, 17 trois Chudan Oi-Zuki en avançant.
- Deuxième kiai.
- La cinquième séquence se déroule le long de l'axe du début, l'axe noir.
  Notez que deux techniques se réalisent à 45° par rapport à cet axe.
  Elle comporte quatre techniques.
  Etapes 18, 19, 20, 21 : Shuto-Uke.

Vous revenez ensuite exactement à votre point de départ.

TEMPO

1,2–3–4,5–6–7–8,9 kiai–10,11–12,13–14–15–16,17 kiai–18,19–20-21

PREMIÈRE SÉQUENCE

Le long de l'axe noir, de l'étape 1 à l'étape 5.

Etape 5. Le pied droit ne bouge pas. Le pied gauche avance d'un pas. Les jambes se placent en position de fente avant gauche (***Zenkutsu-Dachi***). Le bras gauche effectue une attaque directe du poing au niveau de l'estomac (***Chudan Oi-Zuki***).

Etape 4b

Le pied gauche ne bouge pas. Vous avancez le pied droit pour redescendre en position de fente avant droite (***Zenkutsu-Dachi***). Le bras droit effectue une attaque circulaire, de haut en bas, le poing en marteau (***Tetsui-Uchi***).

Il existe une autre version où l'attaque ***Tetsui-Tsui*** se fait sur place en position haute (***Renoji-Dachi***), et aussi une autre où l'attaque se fait en position intermédiaire.

Etape 4a. Vous allez effectuer un dégagement suivi d'une attaque. Le pied gauche ne bouge pas. Le pied droit recule pour que le corps prenne la position haute ; dans le même temps, vous effectuez un mouvement du bras droit pour vous dégager d'une saisie.

Etape 3

Le pied gauche reste sur place. Le regard et la tête effectuent un demi-tour par la droite, entraînant tout le corps. Le pied droit se déplace le long de l'axe noir, tandis que le pied gauche effectue un demi tour sur place. Les jambes se placent en position ***Zenkutsu-Dachi***. Le bras droit effectue un blocage au niveau bas (***Gedan Barai***).

Etape 2

Le pied gauche reste sur place. Vous faites un pas en avant. Les jambes se placent en position de fente avant droite (***Zenkutsu-Dachi***). Le bras droit effectue une attaque directe du poing (***Chudan Oi-Zuki***).

Etape 1

Le pied droit reste sur place. Vous regardez à gauche et déplacez le pied gauche sur la gauche et légèrement en arrière. Vous descendez en position ***Zenkutsu-Dachi*** en faisant un blocage ***Gedan Barai*** à gauche. L'écartement des pieds étant égal à la largeur des hanches, votre pied gauche se trouve derrière l'axe noir. Le genou avant est fléchi, la jambe arrière tendue. Le poids du corps est sur la jambe avant.

Etape 0

Le pratiquant est en position de départ, la position ***Shizentai***.

Le talon du pied droit est à l'intersection de l'axe noir et de l'axe gris. Le talon du pied gauche est aussi sur l'axe noir. Vous êtes face au portrait de maître Funakoshi.

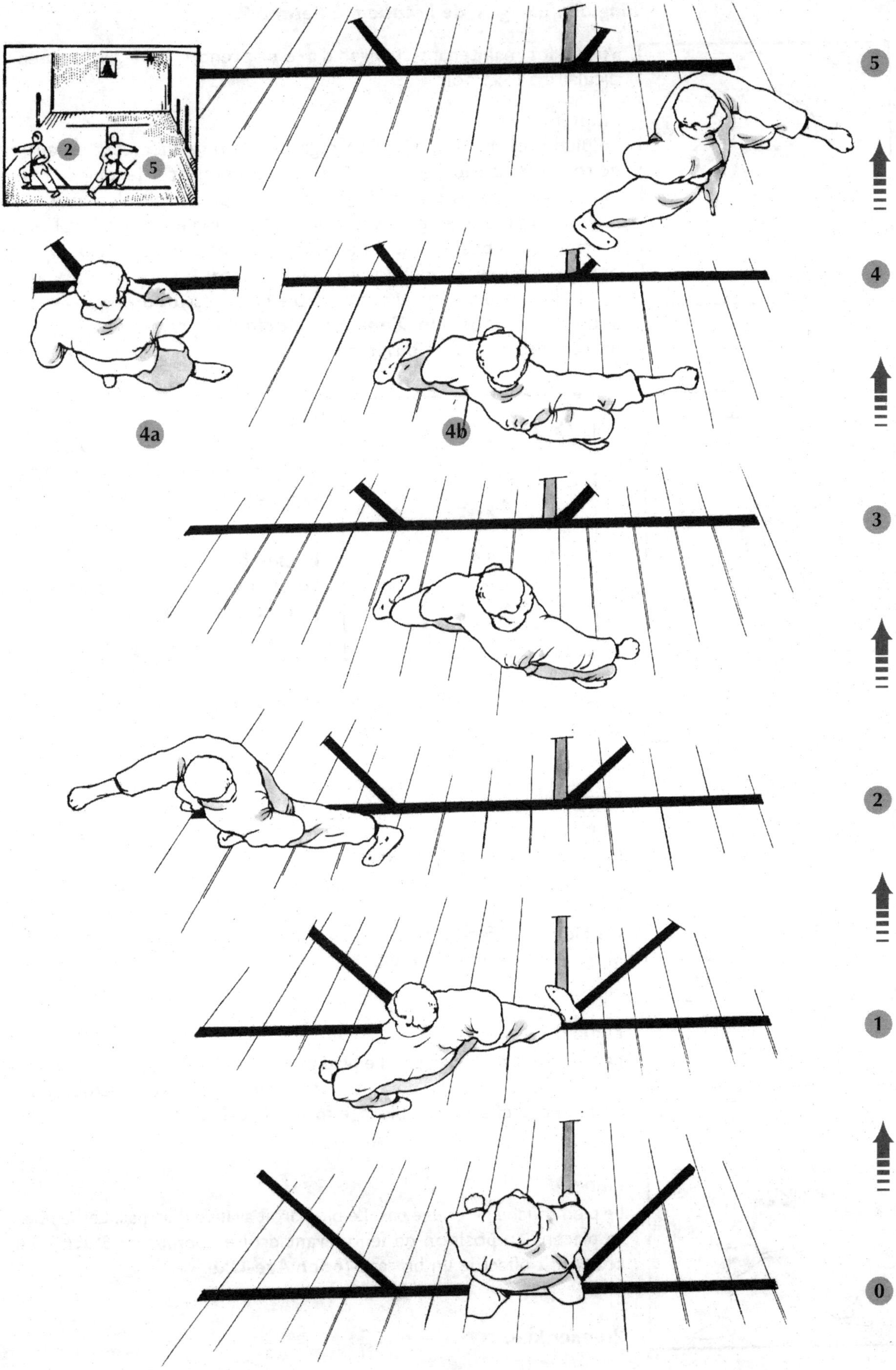
2
5
5
4
4a
4b
3
2
1
0

DEUXIÈME SÉQUENCE

Le long de l'axe gris, de l'étape 6 à l'étape 9.

Vous allez maintenant changer d'axe et prendre l'axe gris, perpendiculaire à l'axe noir.

Etape 6

Le pied droit ne bouge pas. Le regard et la tête effectuent un quart de tour vers la gauche. Le pied gauche va se replacer le long de l'axe noir. Tout le corps pivote donc autour du pied droit d'un quart de tour sur la gauche. Vous êtes alors face au portrait de maître Funakoshi, les jambes en position de fente avant gauche (***Zenkutsu-Dachi***). Le bras gauche exécute un blocage ***Gedan Barai***.

Vous allez maintenant effectuer trois blocages ***Jodan Age-Uke*** en avançant en position ***Zenkutsu-Dachi***. Le premier blocage se décompose en trois mouvements.

Etape 7a

Le bras gauche fait sur place un blocage ***Jodan Age-Uke*** main ouverte.

Etape 7b

Le pied gauche ne bouge pas. Le pied droit vient au niveau du pied gauche.

C'est une étape intermédiaire lors de l'exécution ; il n'y a pas de temps d'arrêt.

Etape 7c

Le pied gauche ne bouge pas. Le pied droit continue d'avancer et les jambes se placent en position de fente avant droite (***Zenkutsu-Dachi***). Le bras droit effectue un blocage au niveau du visage (***Jodan Age-Uke***).

Ce blocage, effectué au cours de l'application, peut être également perçu comme un ***arm-lock***.

Etape 8

Le pied droit ne bouge pas. Le pied gauche avance d'un pas. Les jambes se placent en position de fente avant gauche (***Zenkutsu-Dachi***). Le bras gauche effectue un blocage ***Jodan Age-Uke***.

Etape 9

Le pied gauche ne bouge pas. Le pied droit avance d'un pas. Les jambes se placent en position de fente avant droite (***Zenkutsu-Dachi***). Le bras droit effectue un blocage ***Jodan Age-Uke***.

Premier kiai.

6 → 7a → 7b → 7c → 8 → 9 Kiai

TROISIÈME SÉQUENCE

Le long de l'axe blanc, de l'étape10 à l'étape 13.

Vous quittez maintenant l'axe gris pour suivre l'axe blanc, perpendiculaire à l'axe gris et parallèle à l'axe noir.

Etape 10

Le pied droit ne bouge pas. La tête et le regard pivotent sur la gauche de trois quarts. Le pied gauche va se placer en traversant l'axe gris le long de l'axe blanc. Le corps entier se déplace de trois quarts sur la gauche, en prenant appui sur le pied droit. Les jambes se placent en position de fente avant gauche (***Zenkutsu-Dachi***). Le bras gauche effectue un blocage en bas (***Gedan Barai***).

Etape 11

Le pied gauche ne bouge pas. Le pied droit avance d'un pas. Les jambes se placent en position de fente avant droite (***Zenkutsu-Dachi***). Le bras droit effectue une attaque directe du poing à moyen niveau (***Chudan Oi-Zuki***).

Etape 12

Il s'agit du même déplacement que celui de l'étape 3. Le pied gauche ne bouge pas. Le regard et la tête effectuent un demi-tour par la droite. Le pied droit se déplace donc vers l'arrière, et se pose à l'intersection de l'axe blanc et de l'axe gris. Le corps entier exécute un demi-tour en prenant appui sur le pied gauche. Les jambes se placent en position de fente avant droite (***Zenkutsu-Dachi***). Le bras droit effectue un blocage en bas (***Gedan Barai***).

Etape 13

Il s'agit du même déplacement qu'aux étapes 3 et 11. Le pied droit ne bouge pas. Le pied gauche avance d'un pas. Les jambes se placent en position de fente avant gauche (***Zenkutsu-Dachi***). Le bras gauche effectue une attaque directe à moyen niveau (***Chudan Oi-Zuki***).

10

11

12

13

QUATRIÈME SÉQUENCE

Le long de l'axe gris, de l'étape 14 à l'étape 17.

Vous quittez maintenant l'axe blanc pour reprendre l'axe gris.

Etape 14
Le pied droit ne bouge pas. Le regard et la tête tournent d'un quart sur la gauche. Le pied gauche traverse l'axe gris et se place le long de celui-ci. Le corps effectue donc une rotation d'un quart de tour par la gauche, en pivotant autour du pied droit. Le corps se place en position de fente avant gauche (***Zenkutsu-Dachi***). Le bras gauche effectue un blocage en bas (***Gedan Barai***).

Vous allez maintenant effectuer trois attaques ***Chudan Oi-Zuki*** en avançant en position ***Zenkutsu-Dachi***.

Etape 15
Le pied gauche ne bouge pas. Le pied droit avance d'un pas. Les jambes se placent en position ***Zenkutsu-Dachi*** droite. Le bras droit attaque (***Chudan Oi-Zuki***).

Etape 16
Le pied droit ne bouge pas. Le pied gauche avance d'un pas. Les jambes se placent en position ***Zenkutsu-Dachi*** gauche. Le bras gauche attaque (***Chudan Oi-Zuki***).

Etape 17
Le pied gauche ne bouge pas. Le pied droit avance d'un pas. Les jambes se placent en position ***Zenkutsu-Dachi*** droite. Le bras droit attaque (***Chudan Oi-Zuki***).

Le pied droit se retrouve alors au même endroit qu'à la position de départ. Ainsi le talon du pied droit se trouve à l'intersection de l'axe gris et de l'axe noir.

Deuxième kiai.

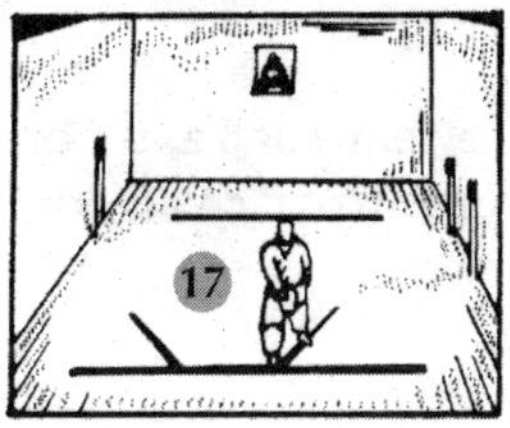

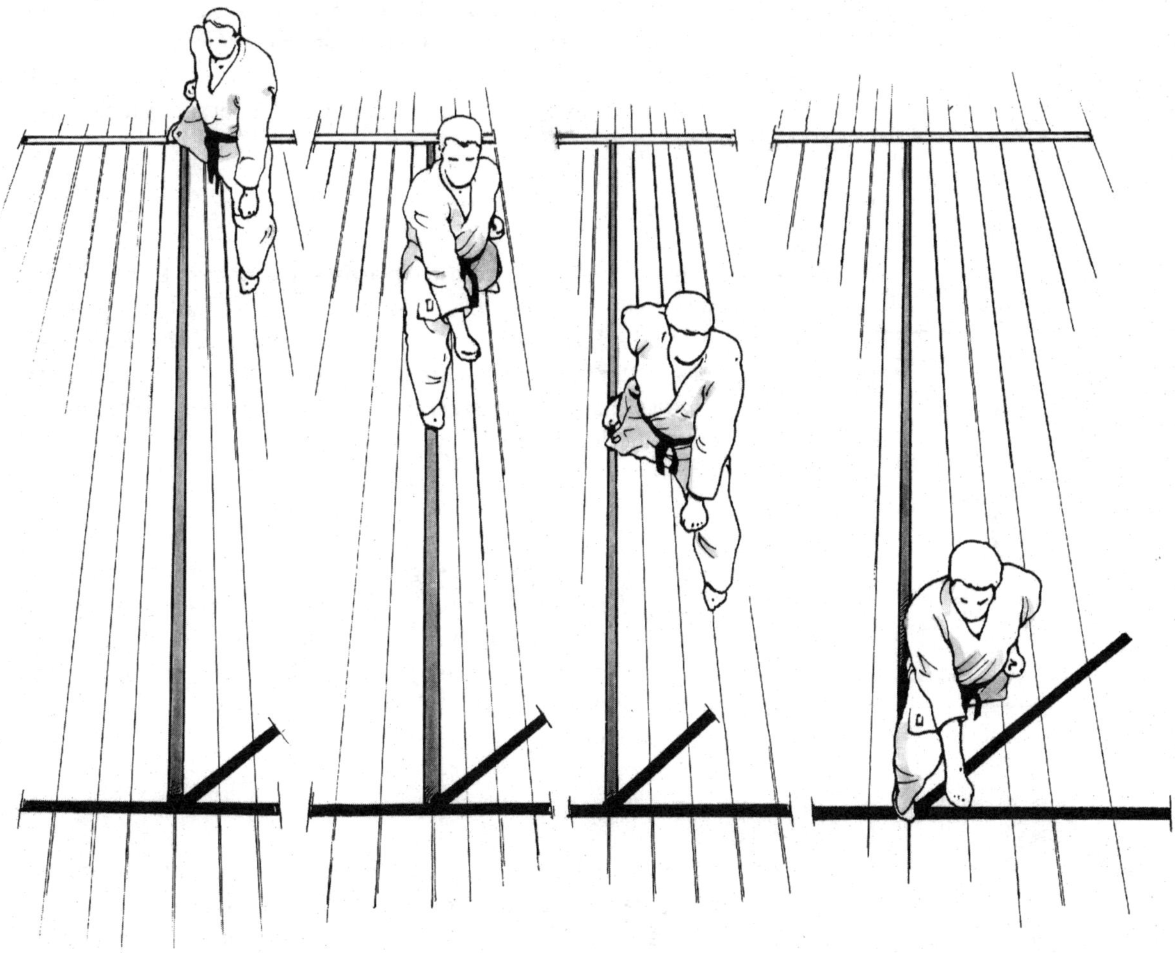

14 → 15 → 16 → 17 **Kiai**

CINQUIÈME SÉQUENCE

Le long de l'axe blanc, de l'étape 18 à l'étape 21.

Retour - *Yame*

Le pied droit ne bouge pas. Le pied gauche revient sur l'axe noir en position du départ. Le corps est en position ***Shizentai*** face au portrait de maître Funakoshi.

Etape 21

Le pied droit ne bouge pas. Le regard et la tête obliquent à 45° vers la gauche. Le pied droit rejoint le pied gauche puis se déplace d'un pas le long d'un axe qui forme un angle de 45° avec l'axe noir. Le corps se place en position ***Kokutsu-Dachi***. Le bras gauche effectue un blocage ***Shuto-Uke***. Le tranchant de la main droite vient se placer sur le sternum. Le talon du pied droit est toujours à l'intersection de l'axe noir et de l'axe gris.

Etape 20

Le pied gauche ne bouge pas. La tête tourne sur la droite. Le pied droit revient exactement à la place précédente, c'est-à-dire à l'intersection de l'axe noir et de l'axe gris. Le corps se place en position ***Kokutsu-Dachi***. Le bras droit effectue un blocage ***Shuto-Uke***. Le tranchant de la main gauche se place sur le sternum. Cette position est totalement symétrique à celle de l'étape 18.

Etape 19

Le pied gauche ne bouge pas. Le regard et la tête pivotent à 45° vers la droite. Le pied droit rejoint le pied gauche et se déplace le long d'un axe qui forme un angle de 45° avec l'axe noir. Le pied droit continue d'avancer, les jambes se placent en position ***Kokutsu-Dachi***. Le bras droit effectue un blocage ***Shuto-Uke***. Le tranchant de la main droite se place sur le sternum.

Etape 18

Le pied droit ne bouge pas. Le regard et la tête effectuent un rotation de 270° vers la gauche. Le pied droit vient se replacer sur l'axe noir en traversant l'axe gris. Le corps réalise un demi-tour en appui sur le pied droit. Les jambes se placent en position de fente arrière gauche (***Kokutsu-Dachi***). Les deux talons se retrouvent sur l'axe noir. Le bras gauche effectue un blocage du sabre de la main à moyen niveau (***Shuto-Uke***). Le tranchant de la main droite se place sur le sternum.

Vous quittez maintenant l'axe gris pour vous déplacer le long de l'axe de départ, l'axe noir.

Vous quittez aussi la position ***Zenkutsu-Dachi*** pour travailler, en position ***Kokutsu-Dachi***, quatre blocages du sabre de la main (***Shuto-Uke***) selon trois axes.

Y

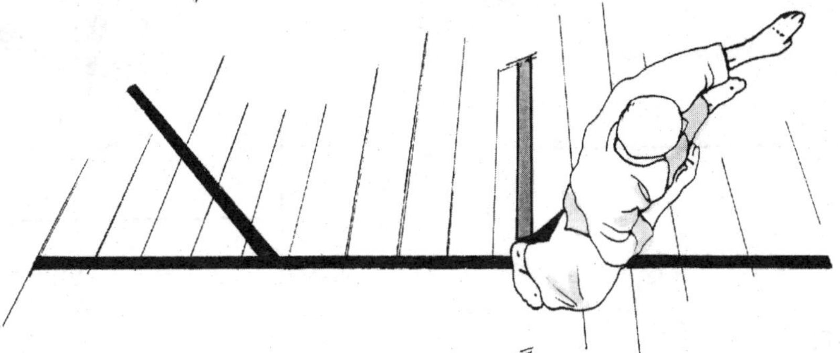

21

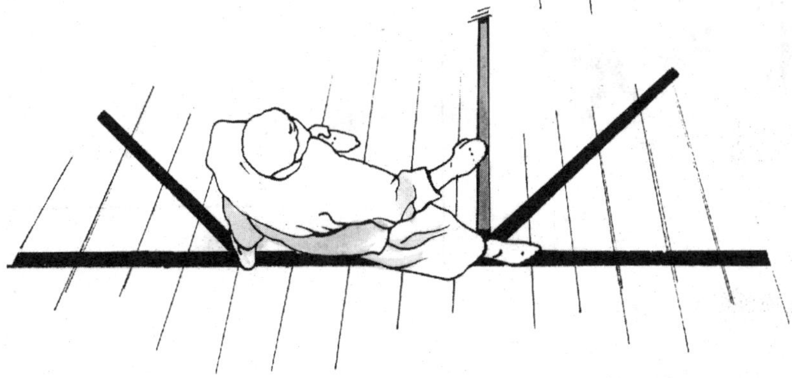

20

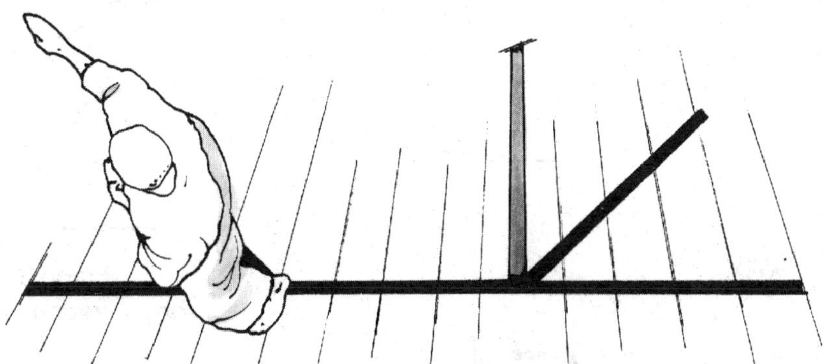

19

18

HEIAN-SHODAN APPLICATION

Première séquence

Etape 4
Uke : Saisie avant

Etape 3
Uke : Chudan Mae-Geri
Tori : Gedan Barai

Etape 2
Tori : Chudan Oi-Zuki

Etape 1
Uke : Chudan Mae-Geri
Tori : Gedan Barai

4

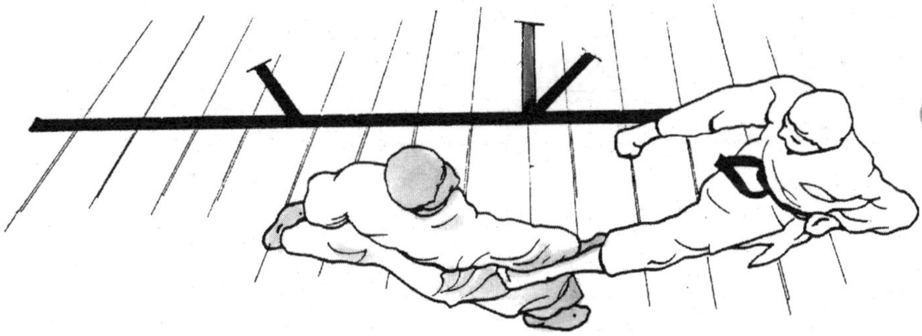

3

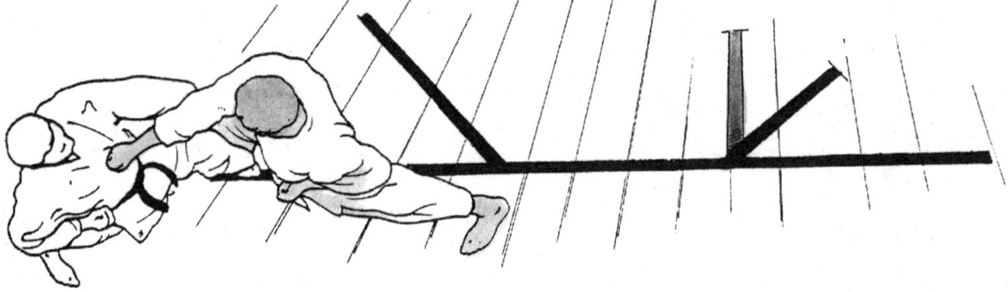

2

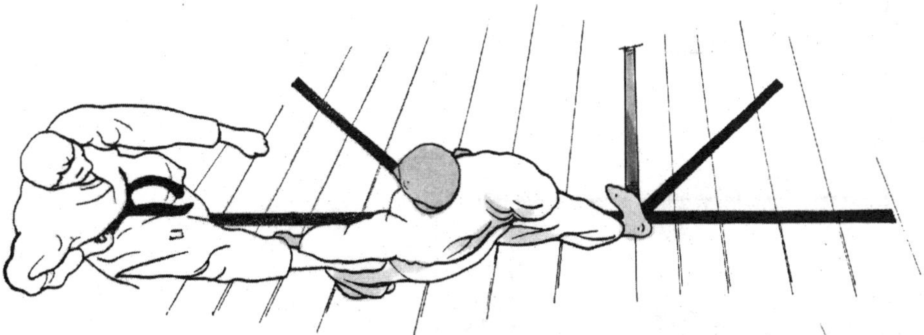

1

Yoï

HEIAN-SHODAN APPLICATION

Première séquence

Etape 5
Tori : Chudan Oi-Zuki

Etape 4b
Tori : Tetsui-Uchi
Position Zenkutsu-Dachi
ou Renoji-Dachi

Etape 4a
Tori : Dégagement

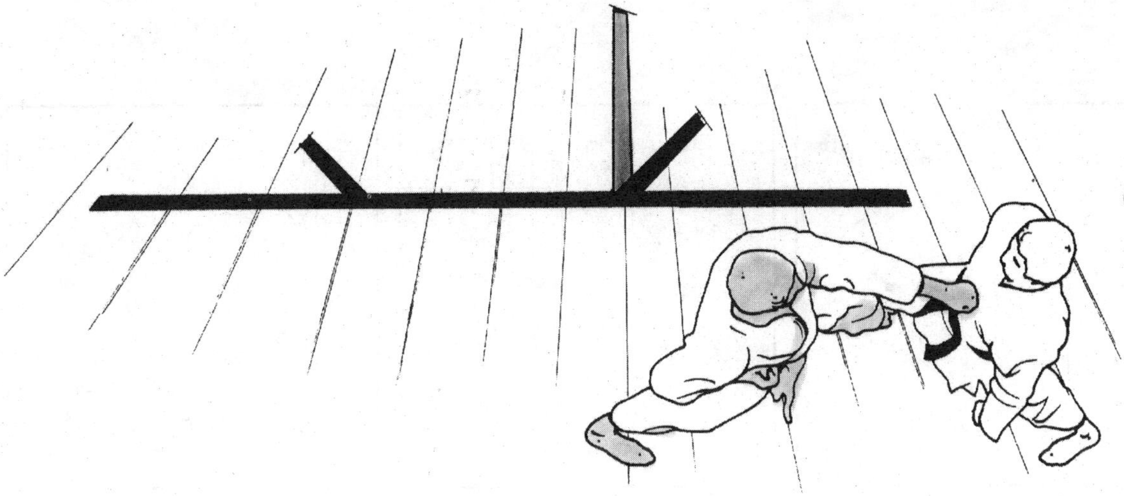

5

4b

4a

HEIAN-SHODAN APPLICATION

Deuxième séquence

Etape 6
Uke : Chudan Mae-Geri
Tori : Gedan Barai

Etape 7a
Uke : Jodan Oi-Zuki
Tori : Jodan Shuto Age-Uke

Etape 7b
Tori : Dégagement

Etape 7c
Tori : Jodan Age-Uke ou arm-lock

Etape 8
Uke : Jodan Oi-Zuki
Tori : Jodan Age-Uke

Etape 9
Uke : Jodan Oi-Zuki
Tori : Jodan Age-Uke

6 → 7a → 7b → 7c → 8 → 9

Kiai

HEIAN-SHODAN APPLICATION

Troisième séquence

Etape 10
Uke : Mae-Geri
Tori : Gedan Barai

Etape 11
Tori : Oi-Zuki

Etape 12
Uke : Mae-Geri
Tori : Oi-Zuki

Etape 13
Tori : Oi-Zuki

10

11

12

13

HEIAN-SHODAN APPLICATION

Quatrième séquence

Etape 14
Uke : Chudan Mae-Geri
Tori : Gedan Barai

Etape 15
Tori : Chudan Oi-Zuki
Uke : Soto-Uke

Etape 16
Tori : Chudan Oi-Zuki
Uke : Soto-Uke

Etape 17
Tori : Chudan Oi-Zuki

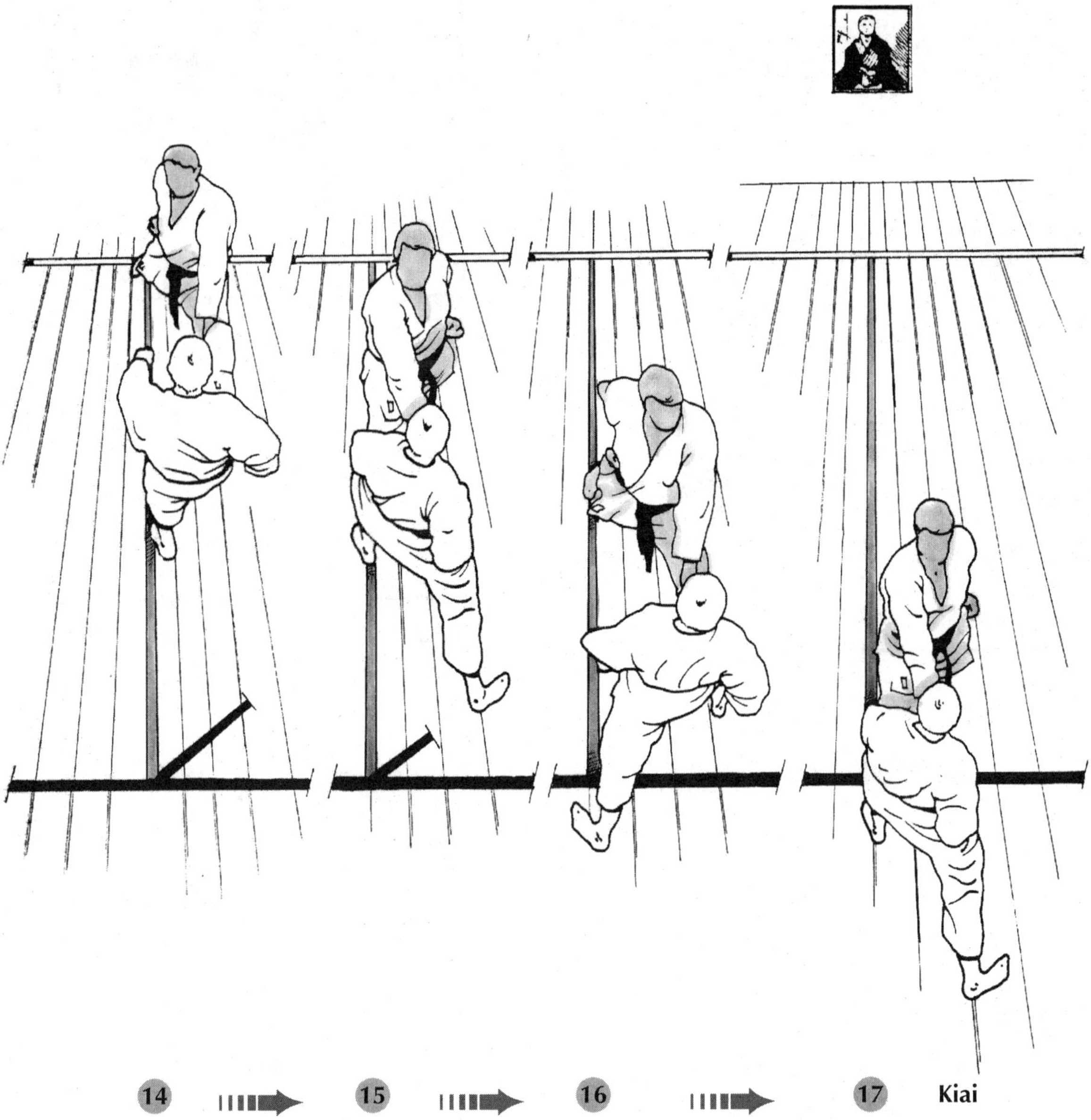
14
15
16
17
Kiai

HEIAN-SHODAN APPLICATION

Cinquième séquence

Etape 21
Tori : Shuto

Etape 20
Uke : Chudan Oi-Zuki
Tori : Shuto-Uke

Etape 19
Tori : Shuto

Etape 18
Uke : Chudan Oi-Zuki
Tori : Shuto-Uke

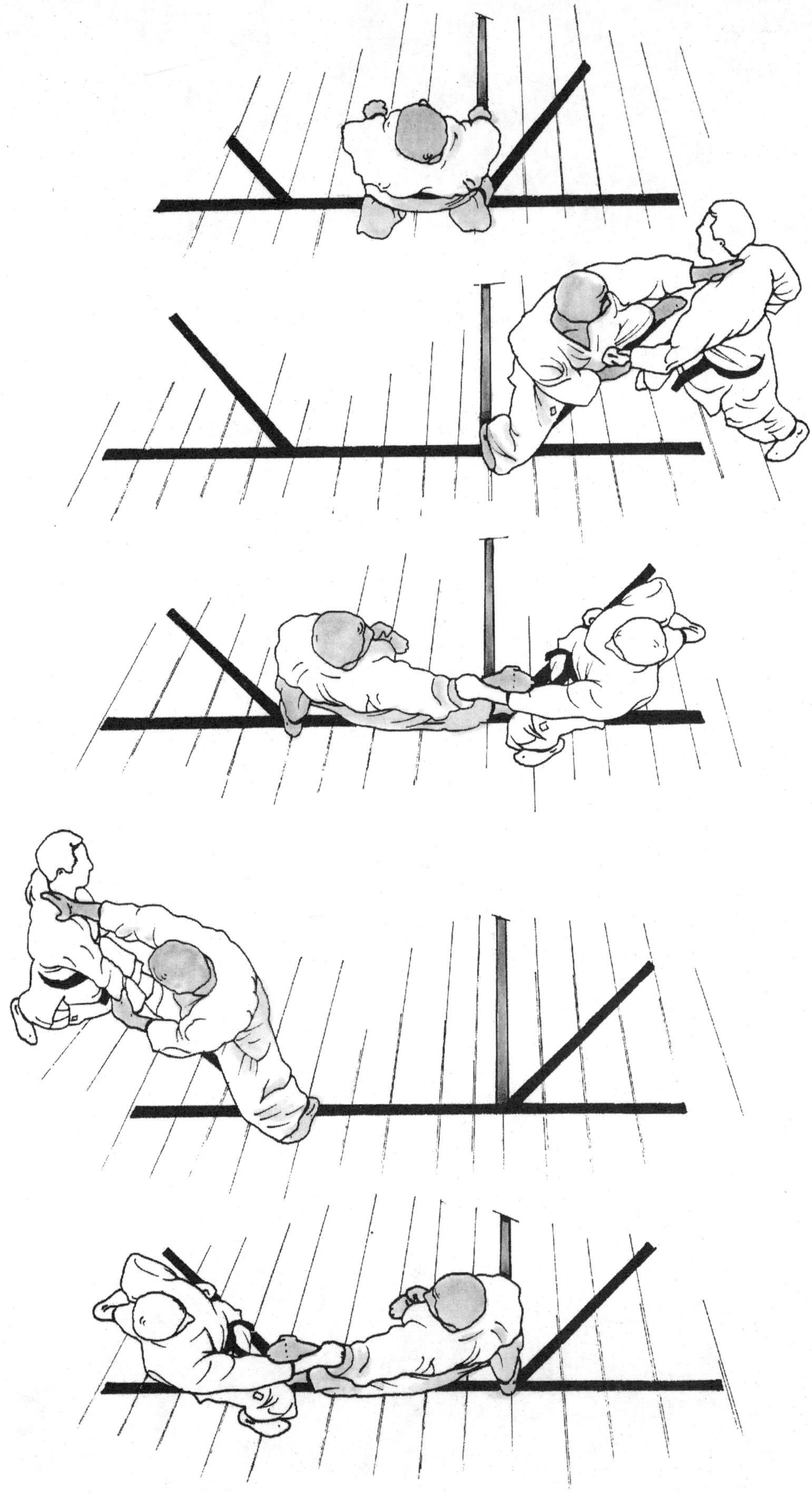

Yame

21

20

19

18

HEIAN-NIDAN

平 安 二 段

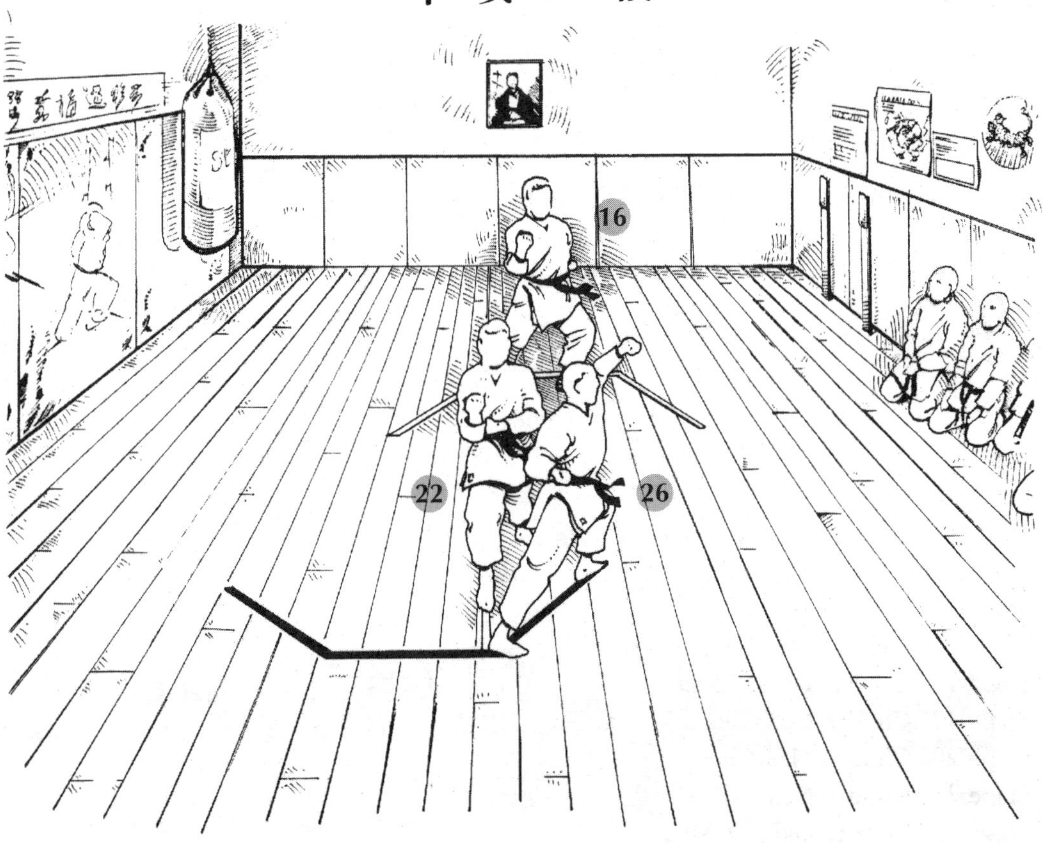

HEIAN-NIDAN

平 安 二 段

Le kata Heian-Nidan est demandé pour la ceinture orange (7e kyu).

Le kata Heian-Nidan reprend les techniques qui ont été vues dans le kata Heian-Shodan, accompagnées de nouveaux mouvements.

Le premier mouvement présente une garde particulière, les bras levés (Mae-Yoko-Kamae).
L'étape 7 présente aussi une garde particulière, les deux poings fermés l'un sur l'autre, sur le côté (Koshi-Kamae).

Les premiers coups de pied apparaissent :
• à l'étape 7, c'est le coup de pied latéral fouetté au visage (Jodan Ke-Age) ;
• aux étapes 17 et 20, c'est le coup de pied direct (Mae-Geri).

Des enchaînements sont réalisés :
• à l'étape 7, le coup de pied s'effectue simultanément avec un blocage du poing (Ke-Age, Uraken) ;
• aux étapes 17 et18, 20 et21, c'est l'enchaînement d'une attaque de poing (Gyaku-Zuki) après un coup de pied (Mae-Geri).

Le kata Heian-Nidan se compose de cinq séquences.

- La première séquence : de l'étape 1 à 7 le long de l'axe noir.
  Ce sont d'abord deux séries de trois techniques de blocages et de contre-attaques effectuées de façon symétrique.
  - Etapes 1 et 4 : Jodan Yoko-Uke,
  - Etapes 2 et 5 : arm-lock (Nagashi-Uke et Chudan Tetsui-Uchi),
  - Etapes 3 et 6 : Chudan Zuki,
  - Etape 7 : le changement d'axe se fait après la double attaque (Jodan Ke-Age, Jodan Uraken-Uchi).
- La deuxième séquence : de l'étape 8 à 11 le long de l'axe gris.
  Il s'agit de trois blocages suivis d'une attaque.
  - Etapes 8, 9, 10 : Shuto-Uke,
  - Etape 11 : Chudan Shihon-Nukite.
- Premier kiai.
- La troisième séquence : de l'étape 12 à15 le long de l'axe blanc.
  Nous retrouvons l'enchaînement de quatre Shuto-Uke de la fin du kata Heian-Shodan.
  - Etapes 12, 13, 14, 15 : Shuto-Uke.
- La quatrième séquence : de l'étape 16 à 22 le long de l'axe gris.
  C'est une série de blocages et de contre-attaques.
  - Etape 16 : Chudan Uchi-Uke,
  - Etape 17 : Chudan Mae-Geri,
  - Etape 18 : Chudan Gyaku-Zuki,
  - Etape 19 : Chudan Uchi-Uke,
  - Etape 20 : Chudan Mae-Geri,
  - Etape 21 : Chudan Gyaku-Zuki,
  - Etape 22 : Morote-Uke.

- La cinquième séquence : de l'étape 23 à l'étape 26, le long de l'axe noir.
  Après un changement d'axe à l'étape 23, c'est une série de quatre blocages.
  Les étapes 25 et 26 sont symétriques.
  - Etape 23 : Gedan Barai,
  - Etape 24 : Jodan Age-Uke,
  - Etape 25 : Gedan Barai,
  - Etape 26 : Jodan Age-Uke.
- Deuxième kiai.
- Retour.
  Le pied droit, à l'intersection de l'axe noir et de l'axe gris, ne bouge pas.
  Le pied gauche revient sur l'axe noir, écarté du pied droit d'une distance égale à la largeur des hanches.
  Position Shizentai. Fin du kata.

TEMPO

1–2,3–4–5,6–7,8–9–10,11 kiai–12,13–14,15–16–17,18–19–20,21–22–23,24–25,26 kiai

PREMIÈRE SÉQUENCE

Les étapes 1 à 6 se déroulent le long de l'axe noir. Le changement d'axe se réalise à l'étape 7.

Etape 6

Sur place, en position ***Kokutsu-Dachi***. Le bras droit se détend et effectue une attaque directe à moyen niveau (***Chudan-Zuki***). Dans le même temps, le bras gauche revient en ***ikite***.
L'attaque ***Tetsui-Uchi*** est aussi possible.

Etape 5

Sur place en position ***Kokutsu-Dachi***. Les deux bras descendent et réalisent un ***arm-lock***. Le bras droit se fléchit et vient se placer près du cou en réalisant un blocage (***Nagashi-Uke***). Le bras gauche se tend dans un mouvement circulaire, le poing en marteau attaquant le coude de l'adversaire (***Tetsui-Uchi***).

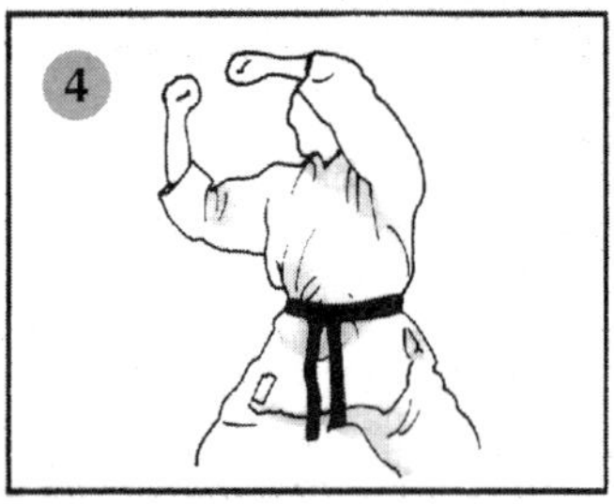

Etape 4

Les pieds restent au même endroit. Le regard et la tête effectuent un demi-tour vers la droite. Les pieds pivotent de 90° sur la droite. Le poids du corps passe de la jambe droite à la jambe gauche. Les deux bras se lèvent. Le bras droit effectue un blocage haut (***Jodan Yoko-Uke***). Le bras gauche se place en garde haute (***Mae-Yoko-Kamae***). Cette double technique s'appelle aussi ***Jodan Morote-Haiwan-Uke***.

Etape 3

Sur place, en position ***Kokutsu-Dachi***. Le bras gauche se détend et effectue une attaque directe à moyen niveau (***Chudan Zuki***). Dans le même temps, le bras droit revient en ***ikite***.
Il existe une version différente du kata comprenant une attaque avec le poing en marteau (***Tetsui-Uchi***).

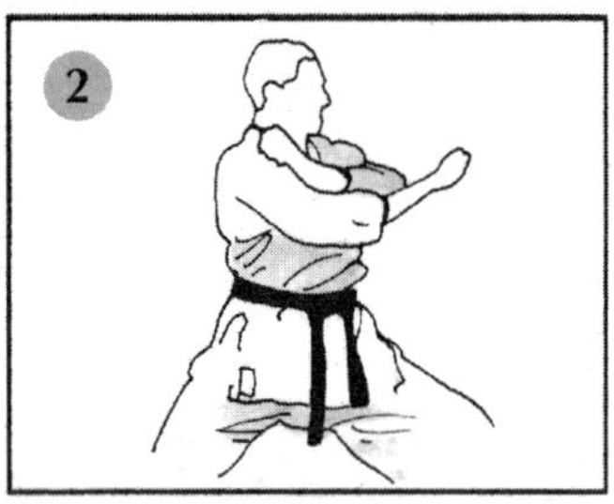

Etape 2

Sur place, en position ***Kokutsu-Dachi***. Les deux bras descendent et réalisent un ***arm-lock***. Le bras gauche se fléchit et vient se placer près du cou en réalisant un blocage (***Nagashi-Uke***) poing fermé. Le bras droit se tend dans un mouvement circulaire, le poing en marteau attaquant le coude de l'adversaire (***Tetsui-Uchi***).

Etape 1

La tête et le regard pivotent à 90° sur la gauche. Le pied droit ne bouge pas et reste à l'intersection de l'axe noir et de l'axe gris. Le pied gauche glisse le long de l'axe noir, les jambes se placent en position de fente arrière gauche (***Kokutsu-Dachi***). Les deux bras se lèvent. Le bras gauche effectue un blocage haut (***Jodan Yoko-Uke***). Le bras droit se place en garde haute (***Mae-Yoko-Kamae***). Cette double technique s'appelle aussi ***Jodan Morote-Haiwan-Uke***.

HEIAN-NIDAN

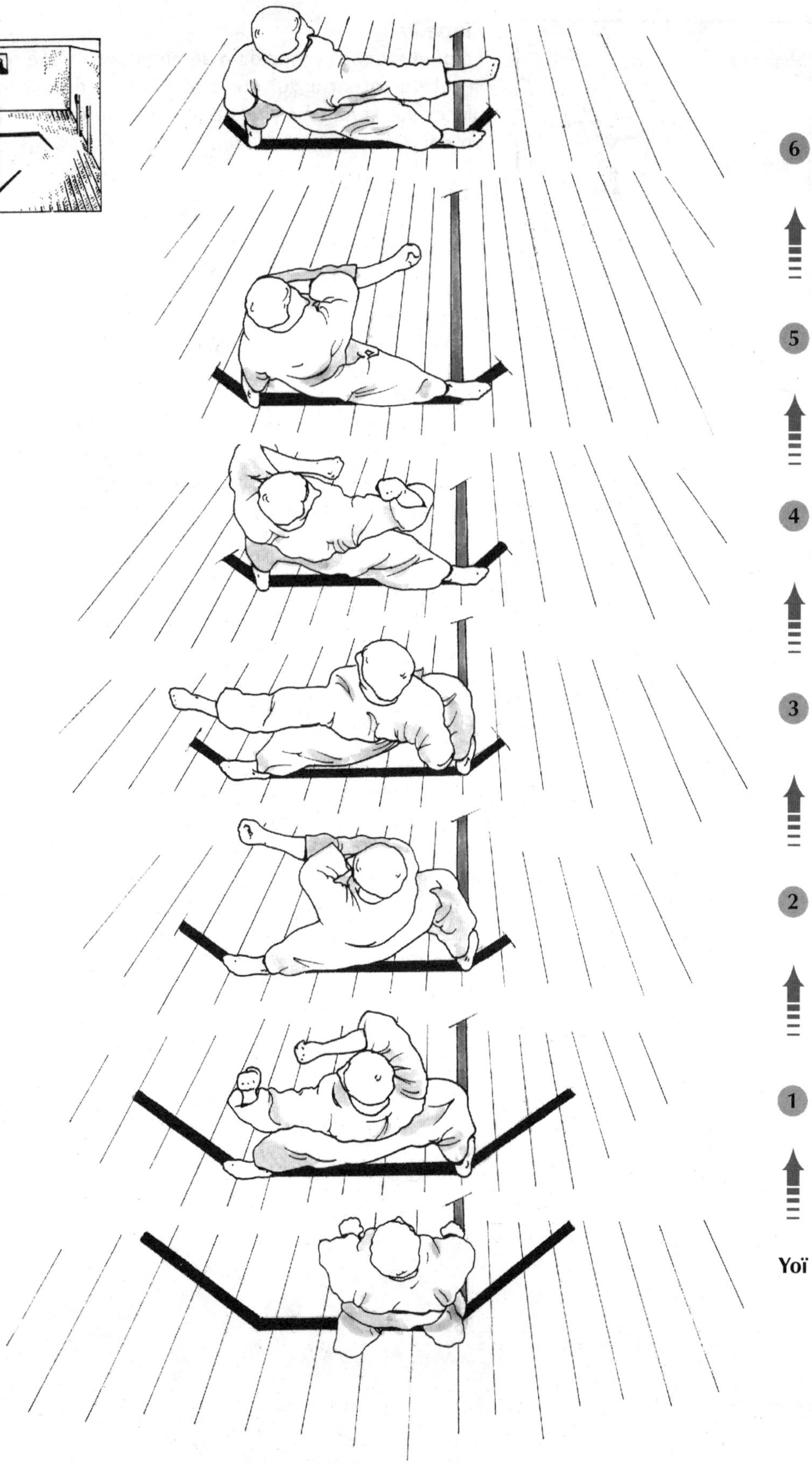

PREMIÈRE SÉQUENCE suite

Le long de l'axe noir.

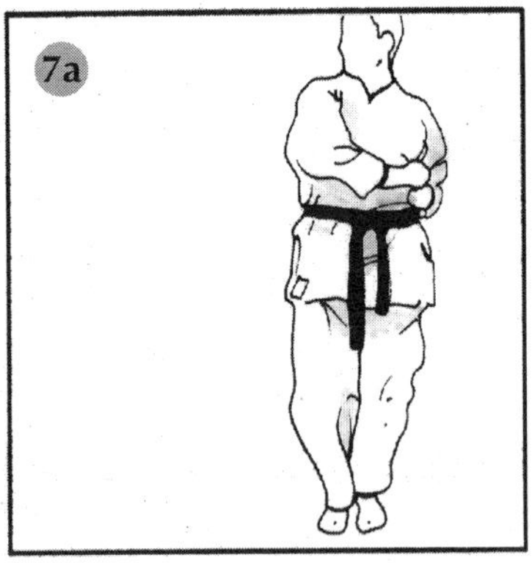

Etape 7a

Le pied gauche avance d'un demi-pas, en même temps le regard et la tête pivotent à 90° sur la droite, les deux poings viennent se placer sur la hanche gauche et le genou droit se lève pour armer un coup de pied.

Etape 7b

Le bras droit exécute un blocage haut avec le revers du poing. Cette technique peut aussi être considérée comme une attaque fouettée du revers du poing (***Jodan Uraken-Uchi***). La jambe droite exécute une attaque du pied fouettée au visage (***Jodan Ke-Age***). Ces deux attaques se font le long d'un axe perpendiculaire à l'axe noir.

Etape 8

Le pied gauche ne bouge pas. Le pied droit, après avoir donné le coup de pied, vient se poser derrière l'axe noir, sur un axe qui lui est perpendiculaire. En même temps, le regard et la tête effectuent un demi-tour par la gauche. Les jambes se placent en position de fente arrière gauche (***Kokutsu-Dachi***). Le bras gauche exécute un blocage avec le sabre de la main (***Shuto-Uke***). La main droite se place sur le sternum, paume vers le ciel, tranchant sur le thorax.

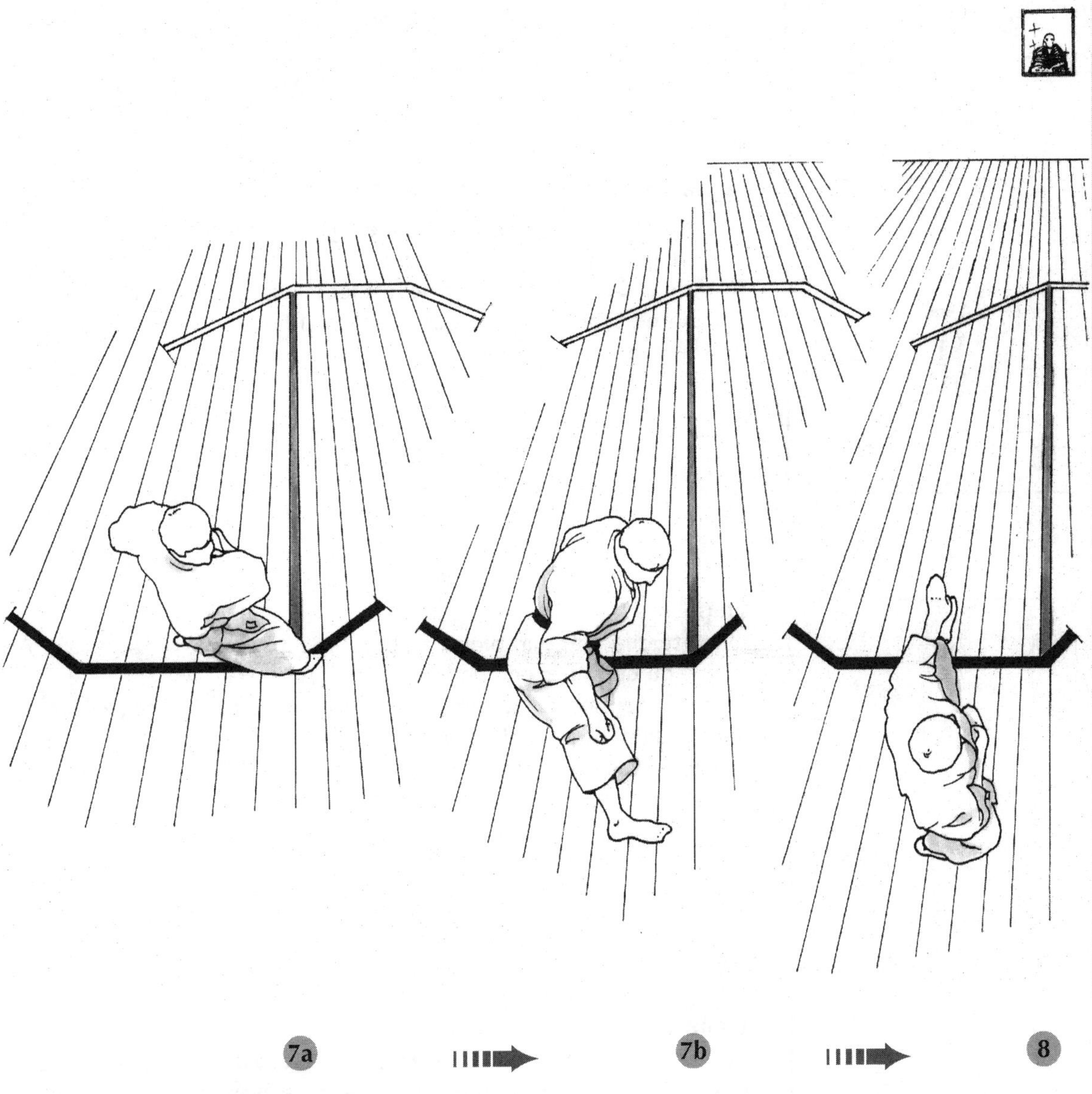

7a → 7b → 8

DEUXIÈME SÉQUENCE

Le changement d'axe étant réalisé, vous effectuez deux blocages en avançant et terminez par un coup piqué de la main droite en avançant.

Etape 9
Le pied gauche ne bouge pas. Le pied droit avance d'un pas le long de l'axe gris. Les jambes se placent en position de fente arrière droite (***Kokutsu-Dachi***). Le bras droit effectue un blocage à moyen niveau la main en sabre (***Shuto-Uke***). Le tranchant de la main gauche se place sur le sternum.

Etape 10
Le pied droit ne bouge pas. Le pied gauche avance d'un pas, le long de l'axe gris. Les jambes se placent en position de fente arrière gauche (***Kokutsu-Dachi***). Le bras gauche effectue un blocage à moyen niveau la main en sabre. Le tranchant de la main droite se place au niveau du sternum.

Etape 11a
Une attaque en coup piqué de la main est réalisée en avançant. Au milieu du déplacement, un blocage est exécuté.
Le pied droit avance d'un demi-pas. Les pieds sont joints, les jambes sont à demi fléchies. La main gauche effectue un blocage à moyen niveau, mains ouvertes, de haut en bas (***Osae-Uke***). Le bras droit se place en ***ikite***. C'est une position intermédiaire.

Etape 11b
Le pied droit continue d'avancer. Il vient se poser le long de l'axe gris. Les jambes se placent en position de fente avant droite (***Zenkutsu-Dachi***). Le bras droit se tend. La main droite exécute une attaque piquée de la main (***Chudan Shihon-Nukite***). La main gauche se place en protection du coude droit (***Osae-Uke***).

Premier kiai.

9 → 10 → 11a → 11b **Kiai**

TROISIÈME SÉQUENCE

Vous quittez maintenant l'axe gris pour vous déplacer le long de l'axe blanc, après avoir réalisé une rotation de trois quarts.

Etape 12

C'est l'étape du changement d'axe, en réalisant un blocage (***Shuto-Uke***). Le pied droit, à l'intersection de l'axe gris et de l'axe blanc, reste sur place. Le regard et la tête pivotent à 270° par la gauche. Le pied gauche décrit un quart de tour et vient se placer sur l'axe blanc, perpendiculaire à l'axe gris. Les jambes se placent en position de fente arrière gauche (***Kokutsu-Dachi***). Le poids du corps est resté sur la jambe droite. Le bras gauche effectue un blocage à moyen niveau, la main en sabre (***Shuto-Uke***). Le tranchant de la main droite se place sur le sternum.

Etape 13

Le regard et la tête tournent d'un quart de tour sur la droite. Le pied droit avance d'un pas sur un axe de 45° par rapport à l'axe blanc. Les jambes se placent en position de fente arrière droite (***Kokutsu-Dachi***). Le bras droit effectue un blocage à moyen niveau, la main en sabre (***Shuto-Uke***). Le tranchant de la main gauche se place au niveau du sternum.

Etape 14

Le pied gauche ne bouge pas. Le regard et la tête tournent de 135° sur la droite. Le pied droit décrit un arc de cercle de 135° et vient se replacer à l'intersection de l'axe gris et de l'axe blanc. Le poids du corps reste sur la jambe gauche. Les jambes se placent en position de fente arrière droite (***Kokutsu-Dachi***). Le bras droit effectue un blocage à moyen niveau, la main en sabre (***Shuto-Uke***). Le tranchant de la main gauche se place sur le sternum.

Etape 15

Le pied droit ne bouge pas. Le regard et la tête tournent d'un quart de tour sur la gauche. Le pied gauche avance d'un pas, le long d'un axe de 45° par rapport à l'axe blanc. Les jambes se placent en position de fente arrière droite (***Kokutsu-Dachi***). Le bras gauche effectue un blocage la main en sabre (***Shuto-Uke***). Le tranchant de la main droite se place sur le sternum.

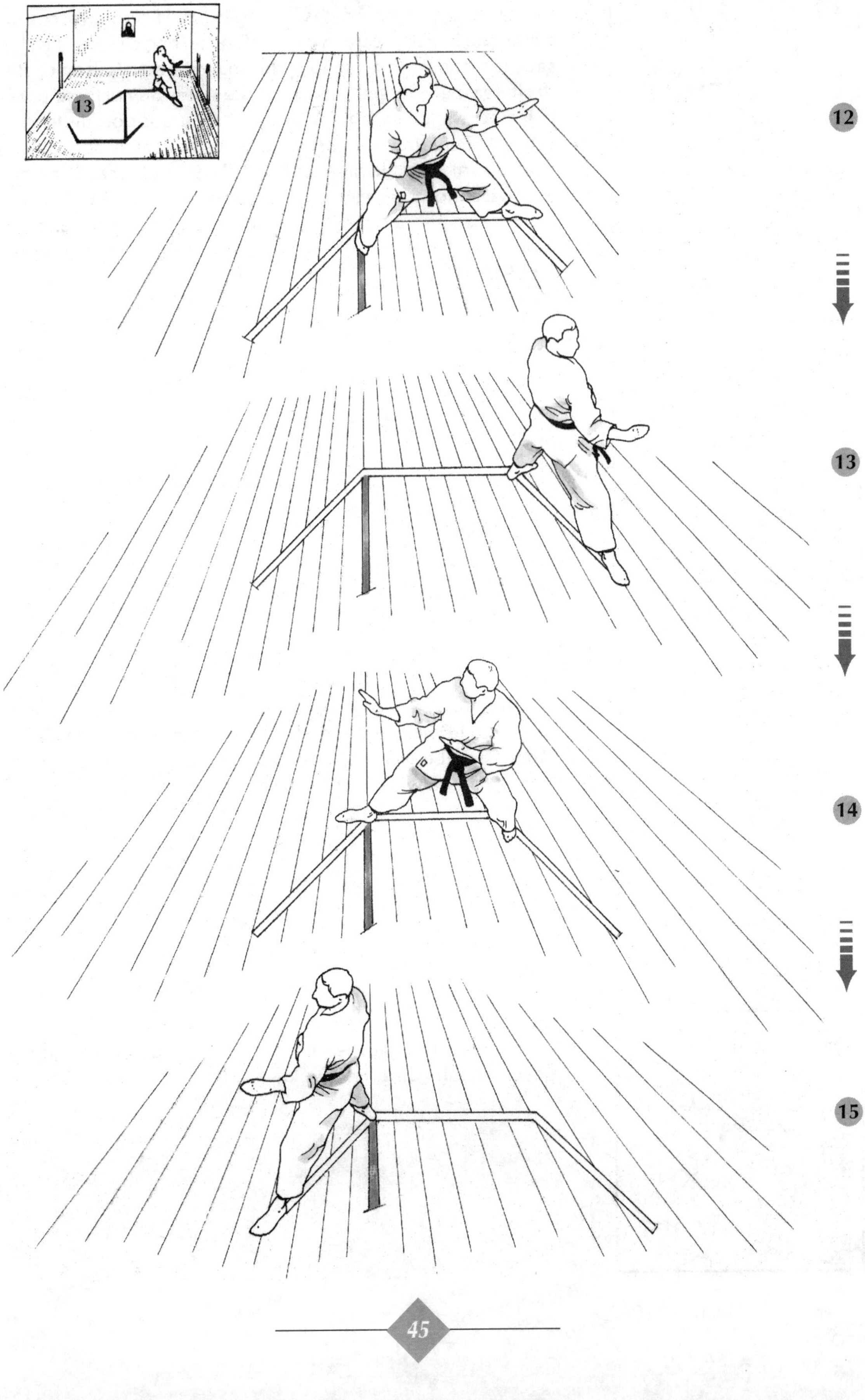
13
12
13
14
15

QUATRIÈME SÉQUENCE

Après un déplacement de 45° sur la gauche, vous réalisez maintenant une série de blocages et d'attaques le long de l'axe gris, en revenant.

Etape 16

Le pied droit ne bouge pas. Le regard et la tête pivotent de 45° sur la gauche. Le regard se porte donc le long de l'axe gris. Le pied gauche vient se poser le long de l'axe gris, à une distance du pied droit égale à la largeur du bassin. Le poids du corps se porte sur la jambe avant. Les jambes se placent en position de fente avant gauche (***Zenkutsu-Dachi***). Le bras droit réalise deux blocages : tout d'abord un blocage en bas à l'aide de l'avant-bras, puis un blocage à moyen niveau, avec l'avant-bras (**Chudan Uchi-Uke**). Certains décrivent cette étape comme un blocage simple, le premier mouvement n'étant que la préparation du deuxième (**Chudan Uchi-Uke**).

Etape 17

Le pied gauche ne bouge pas. La jambe droite se détend et effectue une attaque directe du pied, de face, à moyen niveau (**Chudan *Mae-Geri***). Le pied droit se pose devant. Les jambes se placent en position de fente avant droite (***Zenkutsu-Dachi***).

Etape 18

Sur place, le bras gauche exécute une attaque du poing arrière à moyen niveau (**Chudan *Gyaku-Zuki***).

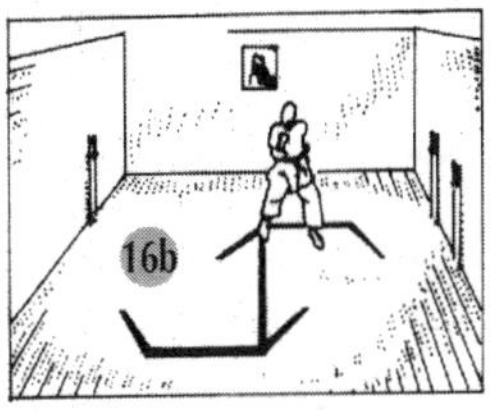
16b

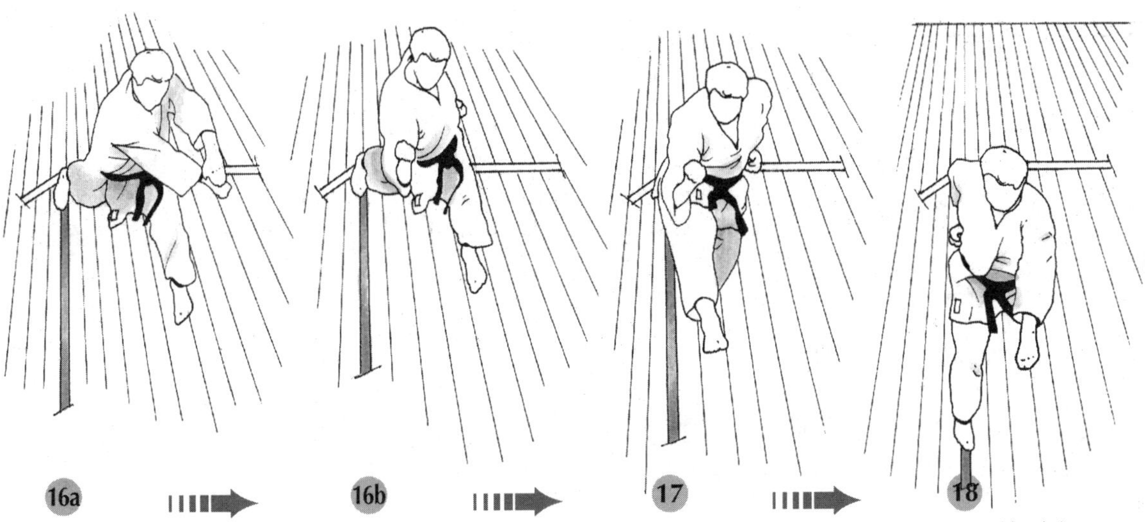
16a
16b
17
18

QUATRIÈME SÉQUENCE suite

Le long de l'axe gris.

Etape 19

Sur place, le pied droit recule d'environ dix centimètres. Le corps se relève légèrement. Dans le même temps, le bras arrière, c'est-à-dire le bras gauche, effectue un blocage à moyen niveau (***Chudan Uchi-Uke***).

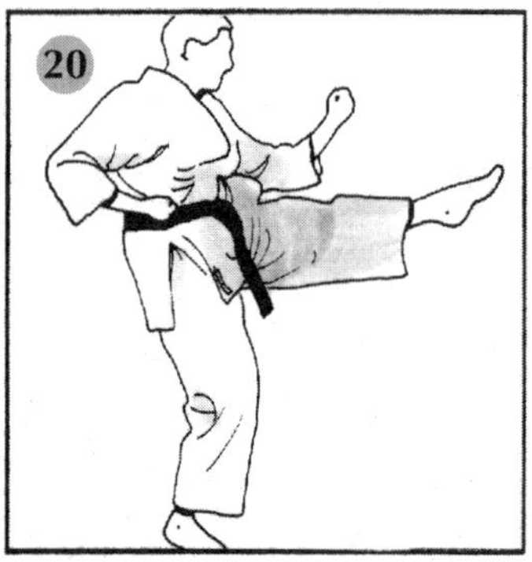

Etape 20

Le pied droit ne bouge pas. La jambe gauche se détend et effectue une attaque directe du pied à moyen niveau (***Chudan Mae-Geri***). Le pied gauche se pose devant. Les jambes se placent en position de fente avant gauche (***Zenkutsu-Dachi***).

Etape 21

Sur place, le bras droit effectue une attaque du poing arrière à moyen niveau (***Chudan Gyaku-Zuki***).

Etape 22

Le pied gauche ne bouge pas. Le pied droit avance d'un pas et vient se placer près de l'intersection de l'axe gris avec l'axe noir. Les jambes se placent en position de fente avant droite (***Zenkutsu-Dachi***). Les bras effectuent un blocage droit à moyen niveau, renforcé par le bras arrière (***Morote-Uke***).

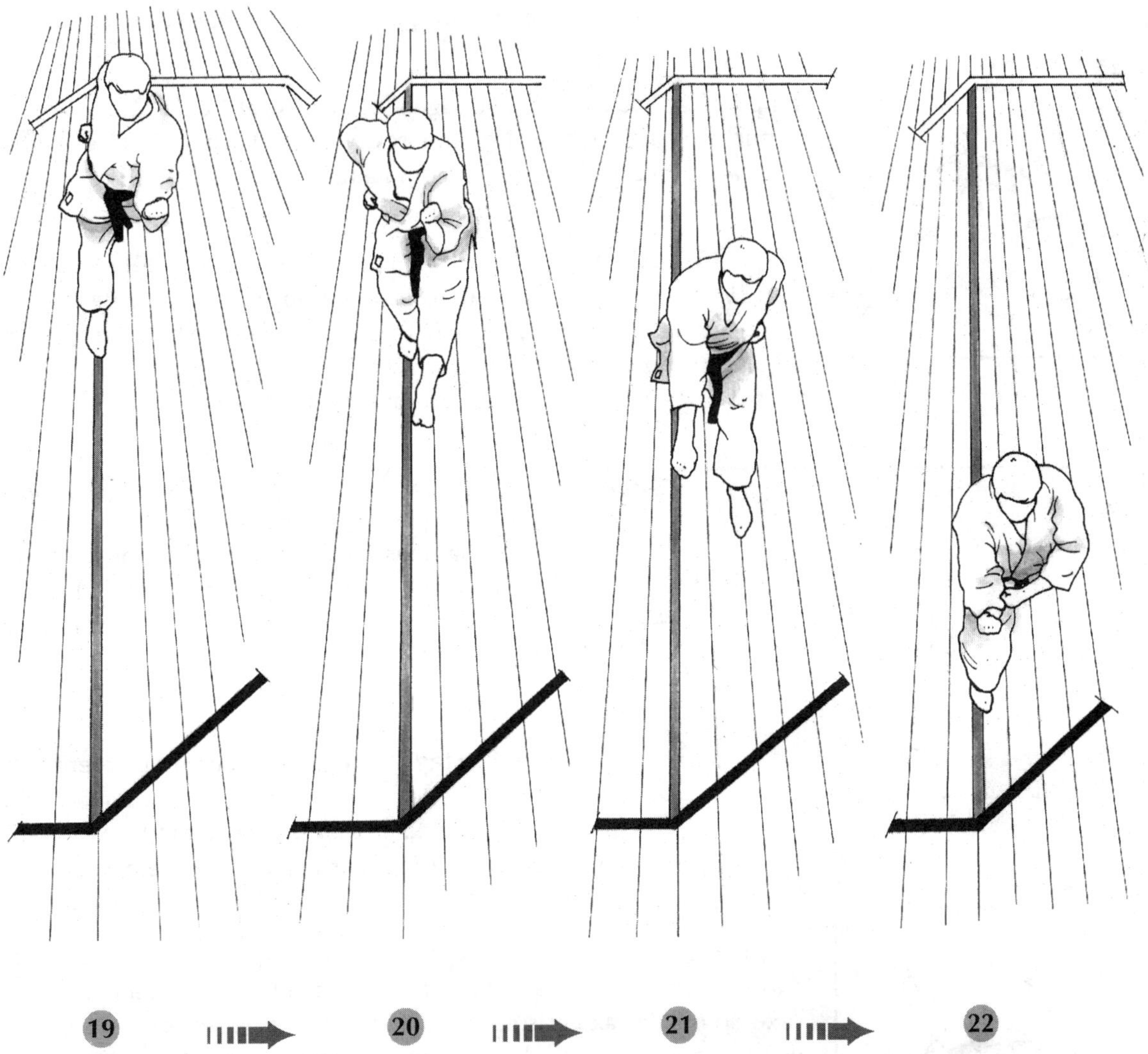
19
20
21
22

CINQUIÈME SÉQUENCE suite

Après avoir pivoté pour revenir le long de l'axe noir, vous effectuez quatre blocages avant de revenir en position Shizentai.

Retour. Le pied droit ne bouge pas. Son talon est à l'intersection de l'axe noir et de l'axe gris. Le pied gauche vient se placer sur l'axe noir. Le corps se place en position ***Shizentai***.

Deuxième kiai.

Etape 26b. Le pied droit ne bouge pas. Le pied gauche avance d'un pas à 45°. Les jambes se placent en position de fente avant gauche (***Zenkutsu-Dachi***). Le bras gauche effectue un blocage haut (***Jodan Age-Uke***).

Etape 26 a. Les jambes ne bougent pas. Le regard et la tête tournent à gauche de 45°. Le bras droit monte au niveau du visage pour effectuer une saisie ou armer un blocage en haut.

Etape 25. Le pied gauche ne bouge pas. Le regard et la tête tournent de 135° sur la droite. Le pied droit décrit un arc de cercle de 135° et vient se placer à l'intersection de l'axe gris et de l'axe noir. Les jambes se placent en position de fente avant droite (***Zenkutsu-Dachi***). Le bras droit effectue un blocage en bas (***Gedan Barai***).

Etape 24b. Le pied gauche ne bouge pas. Le pied droit avance d'un pas à 45°. Les jambes se placent en position de fente avant droite. (***Zenkutsu-Dachi***). Le bras droit effectue un blocage en haut (***Jodan Age-Uke***).

Etape 24a. Les jambes ne bougent pas. Le regard et la tête tournent sur la droite de 45°. Le bras gauche monte au niveau du visage pour effectuer une saisie ou armer un blocage haut.

Etape 23. C'est le déplacement traditionnel qui permet de changer d'axe. Le pied droit ne bouge pas et reste près de l'intersection de l'axe noir avec l'axe gris. Le regard et la tête pivotent de trois quarts de tour par la gauche. Le pied gauche effectue un demi-tour par la gauche et vient se placer près de l'axe noir. Les jambes se placent en position ***Zenkutsu-Dachi***. Le bras gauche effectue un blocage en bas (***Gedan Barai***).

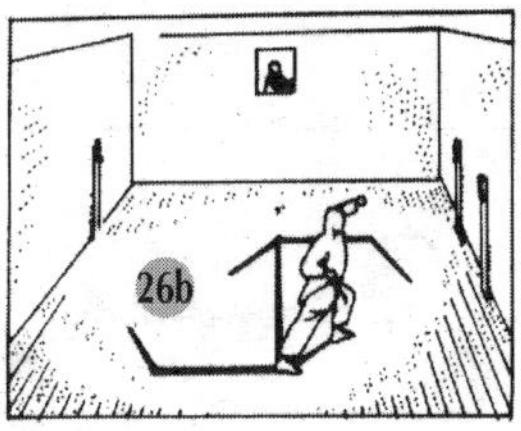

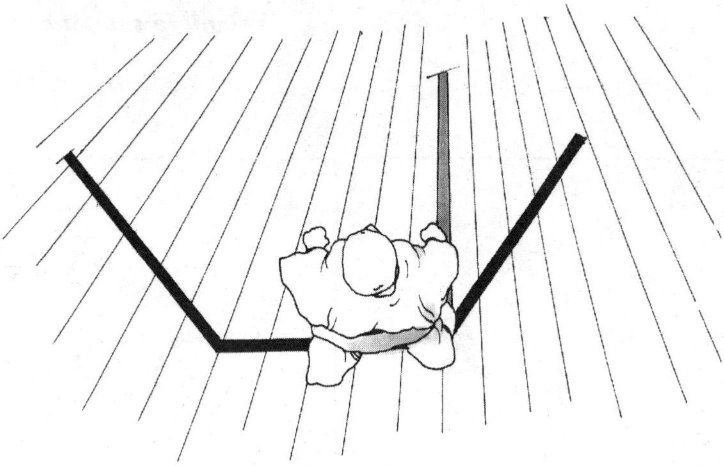

24b

Kiai

26b

24a

26a

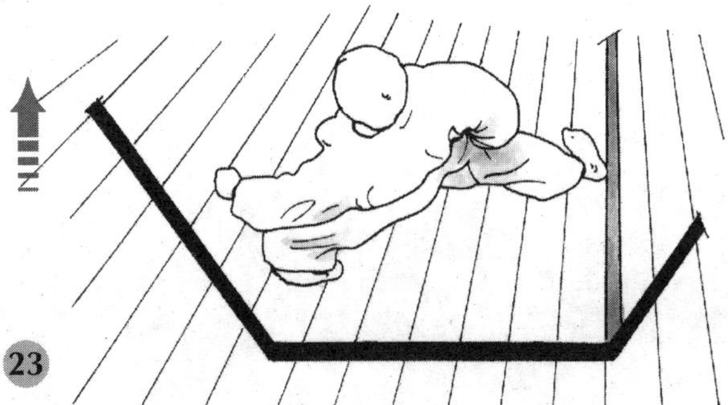

23

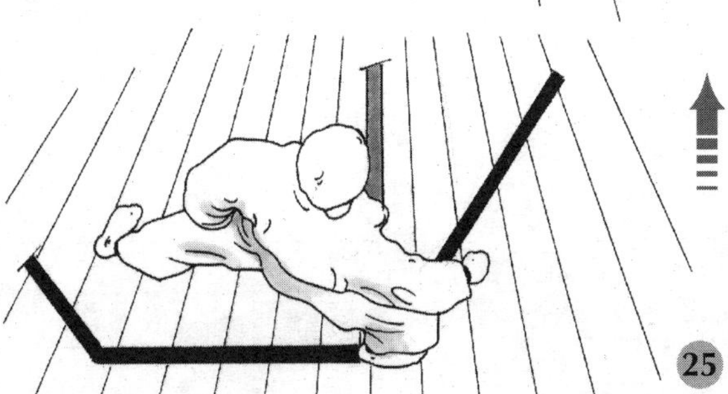

25

HEIAN-NIDAN APPLICATION

Première séquence

Etape 1
Uke : Jodan Oi-Zuki
Tori : Jodan Yoko-Uke

Etape 2
Uke : Chudan Gyaku-Zuki
Tori : Nagashi-Uke
Tetsui-Uchi

Etape 3
Tori : Chudan Yoko-Zuki
ou Jodan Tetsui-Uchi

Etape 4
Uke : Jodan Oi-Zuki
Tori : Jodan Yoko-Uke

Etape 2
Uke : Chudan Gyaku-Zuki
Tori : Nagashi-Uke
Tetsui-Uchi

Etape 3
Tori : Chudan Yoko-Zuki
ou Jodan Tetsui-Uchi

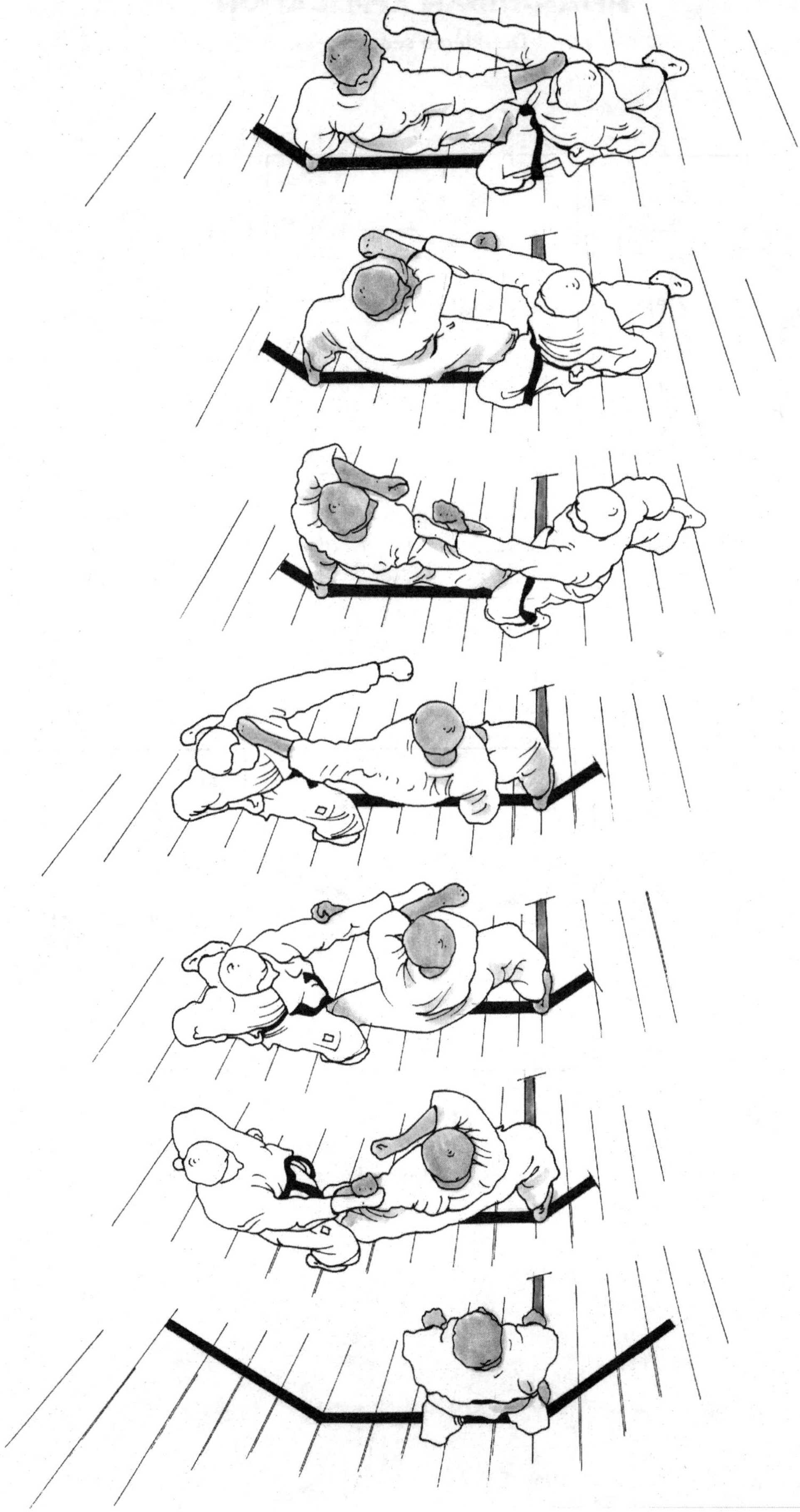

6

5

4

3

2

1

Yoï

HEIAN-NIDAN APPLICATION

Deuxième séquence

Etape 7
Uke : Jodan Oi-Zuki
Tori : Jodan Uraken
Jodan Ke-Age

Etape 8
Uke : Chudan Oi-Zuki
Tori : Shuto-Uke

Etape 9
Uke : Chudan Oi-Zuki
Tori : Shuto-Uke

Etape 10
Uke : Chudan Oi-Zuki
Tori : Shuto-Uke

Etape 11a
Uke : Chudan Oi-Zuki
Tori : Osae-Uke

Etape 11b
Tori : Chudan Shihon-Nukite

7 → 8 → 9 → 10 → 11a → 11b

HEIAN-NIDAN APPLICATION

Troisième séquence

Etape 12
Uke : Chudan Oi-Zuki
Tori : Shuto-Uke

Etape 13
Uke : Chudan Oi-Zuki
Tori : Shuto-Uke

Etape 14
Uke : Chudan Oi-Zuki
Tori : Shuto-Uke

Etape 15
Uke : Chudan Oi-Zuki
Tori : Shuto-Uke

12

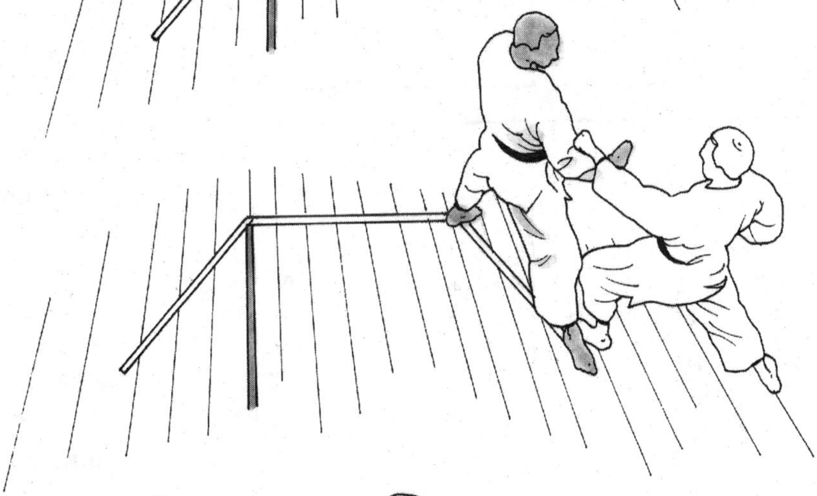

13

14

15

HEIAN-NIDAN APPLICATION

Quatrième séquence

Etape 16a et b
Uke : Chudan Mae-Geri
Tori : Dégagement

Etape 16c
Uke : Chudan Gyaku-Zuki
Tori : Chudan Uchi-Uke

Etape 17
Tori : Chudan Mae-Geri
Uke : Gedan Barai

Etape 18
Tori : Chudan Gyaku-Zuki
Uke : Chudan Soto-Uke

Etape 19
Uke : Chudan Gyaku-Zuki
Tori : Chudan Uchi-Uke

Etape 20
Tori : Chudan Mae-Geri
Uke : Gedan Barai

Etape 21
Tori : Chudan Gyaku-Zuki
Uke : Chudan Soto-Uke

Etape 22
Uke : Chudan Oi-Zuki
Tori : Morote-Uke

16a
16b
16c
17
18
19
20
21
22

HEIAN-NIDAN APPLICATION

Cinquième séquence

Etape 23
Uke : Chudan Mae-Geri
Tori : Gedan Barai

Etape 24a
Uke : Jodan Oi-Zuki
Tori : Jodan Age-Uke

Etape 24b
Uke : Jodan Oi-Zuki
Tori : Jodan Age-Uke ou arm-lock

Etape 25
Uke : Chudan Mae-Geri
Tori : Gedan Barai

Etape 26a
Uke : Jodan Oi-Zuki
Tori : Jodan Age-Uke

Etape 26b
Uke : Jodan Oi-Zuki
Tori : Jodan Age-Uke ou arm-lock

Yame
Kiai
26b
26a
25
24b
24a
23

HEIAN-SANDAN

平 安 三 段

HEIAN-SANDAN

平 安 三 段

Ce kata est demandé pour la ceinture verte (6e kyu).

Le kata Heian-Sandan est le kata le plus court ; il ne comporte en effet que vingt mouvements. Les déplacements se font autour de l'axe noir et de l'axe gris.

Les nouveautés de ce kata par rapport aux deux précédents sont pourtant importantes.

On y fait d'abord la découverte d'une nouvelle position, la position du cavalier (Kiba-Dachi). Cette position est utilisée de l'étape 12 jusqu'à la fin du kata.
Une autre nouvelle position y est étudiée : pieds joints, genoux légèrement fléchis (Heisoku-Dachi).

Le double blocage moyen et bas est réalisé simultanément aux étapes 2, 3, 5, 6 (Chudan Uchi-Uke avec un bras, Gedan Barai avec l'autre).
Le blocage avec le coude est présenté aux étapes 12, 14, 16 (Empi-Yoko-Uchi).
Aux étapes 12, 14, 16 selon la version étudiée, vous pouvez réaliser un blocage avec le pied. Vous pouvez aussi vous protéger en montant le genou devant et sur le côté, et poser le pied en écrasant le sol (Fumi-Komi).

Aux étapes 20 et 21 sont réalisées des techniques courtes, coup de poing (Tate-Zuki Jodan) et coup de coude (Empi-Ushiro-Ate).

Le kata se compose de vingt mouvements regroupés en quatre séquences.

- La première séquence : de l'étape 1 à 6, le long de l'axe noir.
  C'est une série de trois blocages réalisés en deux séries symétriques, l'une réalisée à gauche, l'autre à droite.
  - Etape 1 : Chudan Uchi-Uke,
  - Etape 2 : Chudan Uchi-Uke droit, Gedan Barai gauche,
  - Etape 3 : Chudan Uchi-Uke gauche, Gedan Barai droit,
  - Etape 4 : Chudan Uchi-Uke droit,
  - Etape 5 : Chudan Uchi-Uke gauche, Gedan Barai droit,
  - Etape 6 : Chudan Uchi-Uke droit, Gedan Barai gauche.
- La deuxième séquence : de l'étape 7 à 11, le long de l'axe gris.
  C'est une série composée de deux blocages, d'un dégagement et de deux attaques.
  - Etape 7 : Morote-Uke,
  - Etape 8 : Chudan Shihon-Nukite-Tate droit, Osae-Zuki gauche,
  - Etape 9 : Chudan Ttsui-Uchi, après un dégagement,
  - Etape 10 : Chudan Oi-Zuki.
  - Premier kiai.
  - Etape 11 : demi-tour et position Heisoku-Dachi.
- La troisième séquence : de l'étape 12 à 18, retour le long de l'axe gris.
  Sont alors réalisées trois séquences identiques avec trois déplacements en avançant en position Kiba-Dachi.
  - Etapes 12, 14, 16 : Fumi-Komi, Empi-Yoko-Uchi,
  - Etapes 13, 15, 17 : Jodan Uraken-Uchi.

- La quatrième séquence :

  Les étapes 19 et 20 sont deux dégagements sur une saisie réalisée par un adversaire. Ces deux mouvements sont symétriques.

  Etape 19 : Jodan Tate-Zuki droit, Empi-Ushiro-Ate gauche,
  Etape 20 : Jodan Tate-Zuki gauche, Empi-Ushiro-Ate droit.
  Deuxième kiai.

- Retour :

  Le pied gauche ne bouge pas. Le pied droit vient se placer à une distance égale à la largeur du bassin du pied gauche, à l'intersection de l'axe noir et de l'axe gris. Position Shizentai.

TEMPO

1–2,3–4–5,6–7–8–9,10 Kiai–11–12,13–14,15–16,17–18–19,20 Kiai

PREMIÈRE SÉQUENCE

Les étapes de 1 à 6 se réalisent le long de l'axe noir.

Etape 6
Le corps ne bouge pas. Un double blocage est réalisé sur place à l'envers. Le bras droit effectue un blocage moyen (***Chudan Uchi-Uke***). Le bras gauche effectue un blocage bas (***Gedan Barai***).

Etape 5
Le pied droit ne bouge pas. Le pied gauche vient rejoindre le pied droit. Les jambes sont légèrement fléchies (***Heisoku-Dachi***). Le bras gauche effectue un blocage à moyen niveau (***Chudan Uchi-Uke***). Le bras droit effectue un blocage bas (***Gedan Barai***).

Etape 4
Le pied gauche ne bouge pas. Le regard et la tête effectuent un demi-tour par la droite. Le pied droit se déplace le long de l'axe noir, le talon venant se placer à l'intersection de l'axe noir et de l'axe gris. Les jambes se placent en position de fente arrière droite (***Kokutsu-Dachi)***. Le bras droit effectue un blocage moyen (***Chudan Uchi-Uke***). Le bras gauche se place en ***ikite***.

Etape 3
Le corps ne bouge pas. Un double blocage est réalisé sur place à l'envers. Le bras gauche effectue un blocage moyen (***Chudan Uchi-Uke***). Le bras droit effectue un blocage bas (***Gedan Barai***).

Etape 2
Le pied gauche ne bouge pas. Le pied droit vient rejoindre le pied gauche. Les jambes sont légèrement fléchies (***Heisoku-Dachi***). Le bras droit effectue un blocage à moyen niveau (***Chudan Uchi-Uke***). Le bras gauche effectue un blocage bas (***Gedan Barai***).

Etape 1
Le pied droit ne bouge et reste à l'intersection de l'axe noir et de l'axe gris. Le regard et la tête pivotent d'un quart de tour sur la gauche. Le pied gauche glisse le long de l'axe noir. Les jambes se placent en position de fente arrière gauche (***Kokutsu-Dachi***). Le bras gauche effectue un blocage à moyen niveau (***Chudan Uchi-Uke***). Le bras droit revient en ***ikite***.

HEIAN-SANDAN

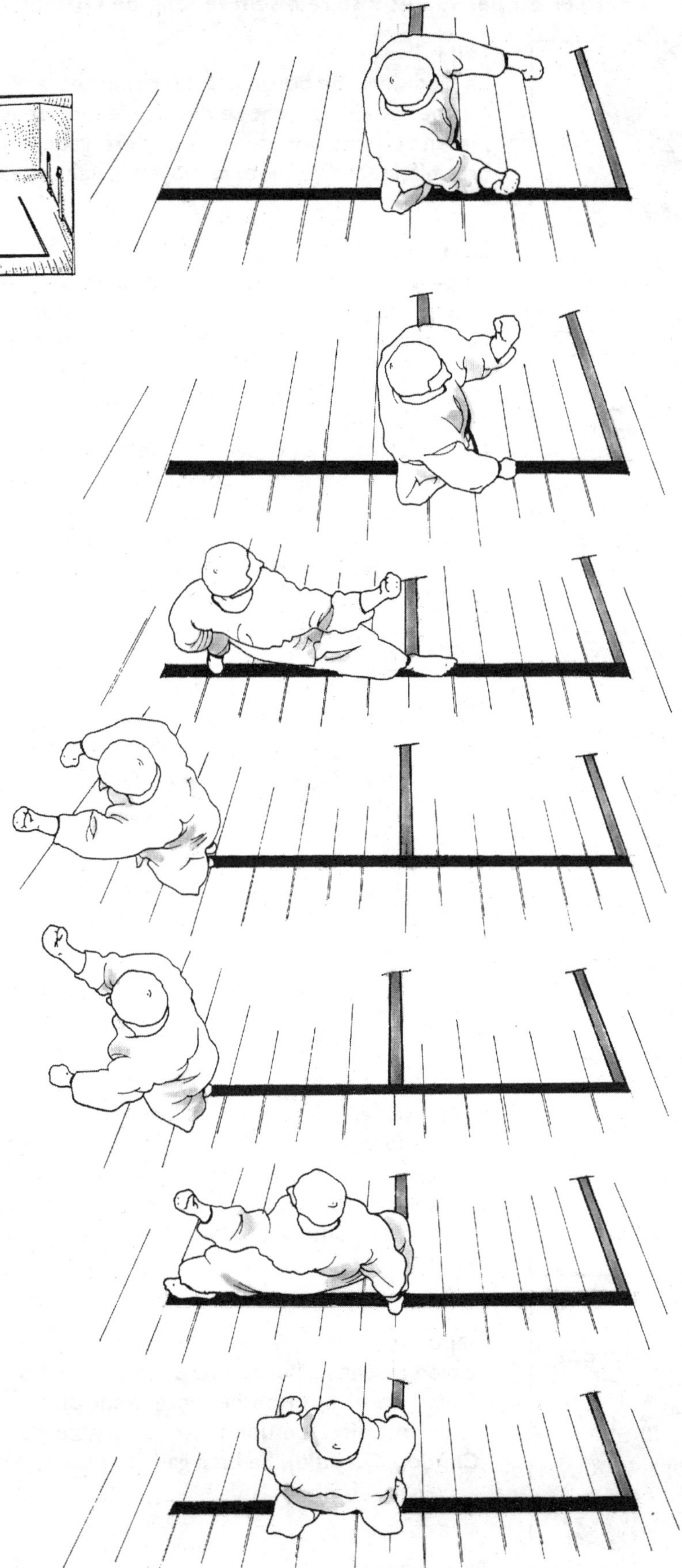

6

5

4

3

2

1

Yoï

DEUXIÈME SÉQUENCE

Les étapes 7, 8 et 9 se réalisent le long de l'axe gris.

Etape 7

Le pied droit ne bouge pas. Le regard et la tête pivote de 90° sur la gauche. Le pied gauche se déplace le long de l'axe gris. Les jambes se placent en position de fente arrière gauche (***Kokutsu-Dachi***). Les bras effectuent un blocage moyen gauche renforcé (***Morote-Uke***).

Etape 8a

Le pied gauche ne bouge pas. Le pied droit vient rejoindre le pied gauche. La main gauche effectue un blocage à moyen niveau en descendant (***Osae-Uke***). Le bras droit se place en ***ikite***.

Etape 8b

Le pied gauche ne bouge pas. Le pied droit continue d'avancer le long de l'axe gris. Les jambes se placent en position de fente avant droite. Le bras droit effectue une attaque la main en pique (***Chudan Shihon-Nukite***). La main gauche se place sous le coude droit afin de le protéger (***Osae-Uke***).

Etape 9a

Le pied droit ne bouge pas. Le regard et la tête effectuent une rotation à 270° par la gauche ; le pied gauche vient se placer juste devant sur l'axe gris. Dans le même temps, une rotation du bras droit est réalisée, permettant ainsi un dégagement sur une saisie.

Etape 9b

Le mouvement de rotation se continue. Le regard et la tête poursuivent leur mouvement jusqu'à ce qu'ils aient réalisé un tour complet. Le pied gauche se place sur l'axe gris. Les jambes se placent en position du cavalier (***Kiba-Dachi***). Le bras gauche effectue une attaque le poing en marteau (***Chudan Tetsui-Uchi***). Le bras droit revient en ***ikite***.

Etape 10

Le pied gauche ne bouge pas. Le pied droit avance d'un pas. Les jambes se placent en position de fente avant droite (***Zenkutsu-Dachi***). Le bras droit effectue une attaque directe du poing à moyen niveau (***Chudan Oi-Zuki***). Le bras gauche revient en ***ikite***.

Premier kiai.

7 → 8a → 8b → 9 → 10 **Kiai**

TROISIÈME SÉQUENCE

Les étapes 12,13 et14 se réalisent le long de l'axe gris, en retour.

Vous allez réaliser une série de trois mouvements identiques en avançant en position du cavalier (***Kiba-Dachi***).

Il s'agit d'un enchaînement comportant :

- un blocage avec le pied ou une garde, selon la version, suivi d'un écrasement,
- un blocage avec le coude,
- une contre-attaque fouettée du revers du poing,
- un retour du poing à la hanche.

Etape 11

Le pied droit ne bouge pas. Le pied gauche vient rejoindre le pied droit. Dans le même temps, le regard et la tête effectuent un demi-tour par la gauche, entraînant tout le corps qui pivote sur le pied droit. Le regard se porte donc le long de l'axe gris. Les jambes sont tendues (***Heisoku-Dachi***). Les deux poings sont fermés et posés sur les hanches (***Koshi-Kamae***). Ce travail s'effectue lentement, en contraction.

Etape 12 a

La jambe droite se détend et bloque devant une attaque en décrivant un demi-cercle. La frappe se fait à l'aide du bord interne du pied. Il est également possible de déplacer son genou devant et sur le côté, en protection. Les poings restent posés sur les hanches, coudes écartés.

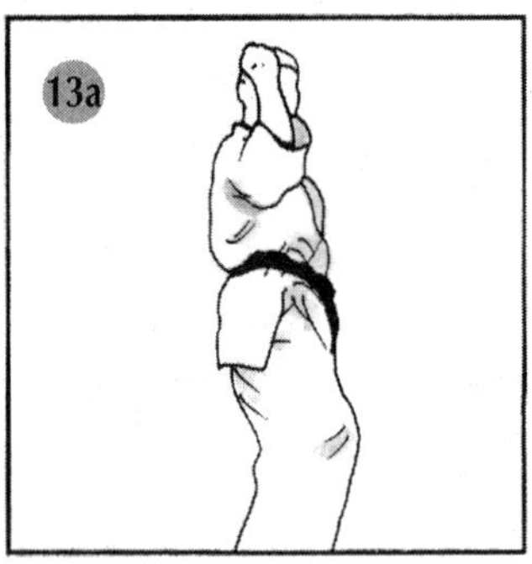

Etape 12b

Le pied droit se pose le long de l'axe gris, en frappant le sol (***Fumi-Komi***). Les jambes se placent dans la position du cavalier (***Kiba-Dachi***). Le corps est parallèle à l'axe gris. Le tronc effectue une légère torsion sur la droite. Le coude réalise un blocage, les poings posés sur les hanches. Cette technique peut aussi être considérée comme une attaque (***Empi-Yoko-Uchi***). Puis le tronc et le coude droit reprennent leur position, le corps parfaitement parallèle à l'axe gris.

Etape 13

Le corps ne bouge pas. Seul le bras droit se détend ; le poing droit décrit un arc de cercle et attaque par un coup fouetté du revers (***Jodan Uraken-Uchi***) (étape 13a). Puis le poing droit vient se replacer sur la hanche droite (étape 13b).

11

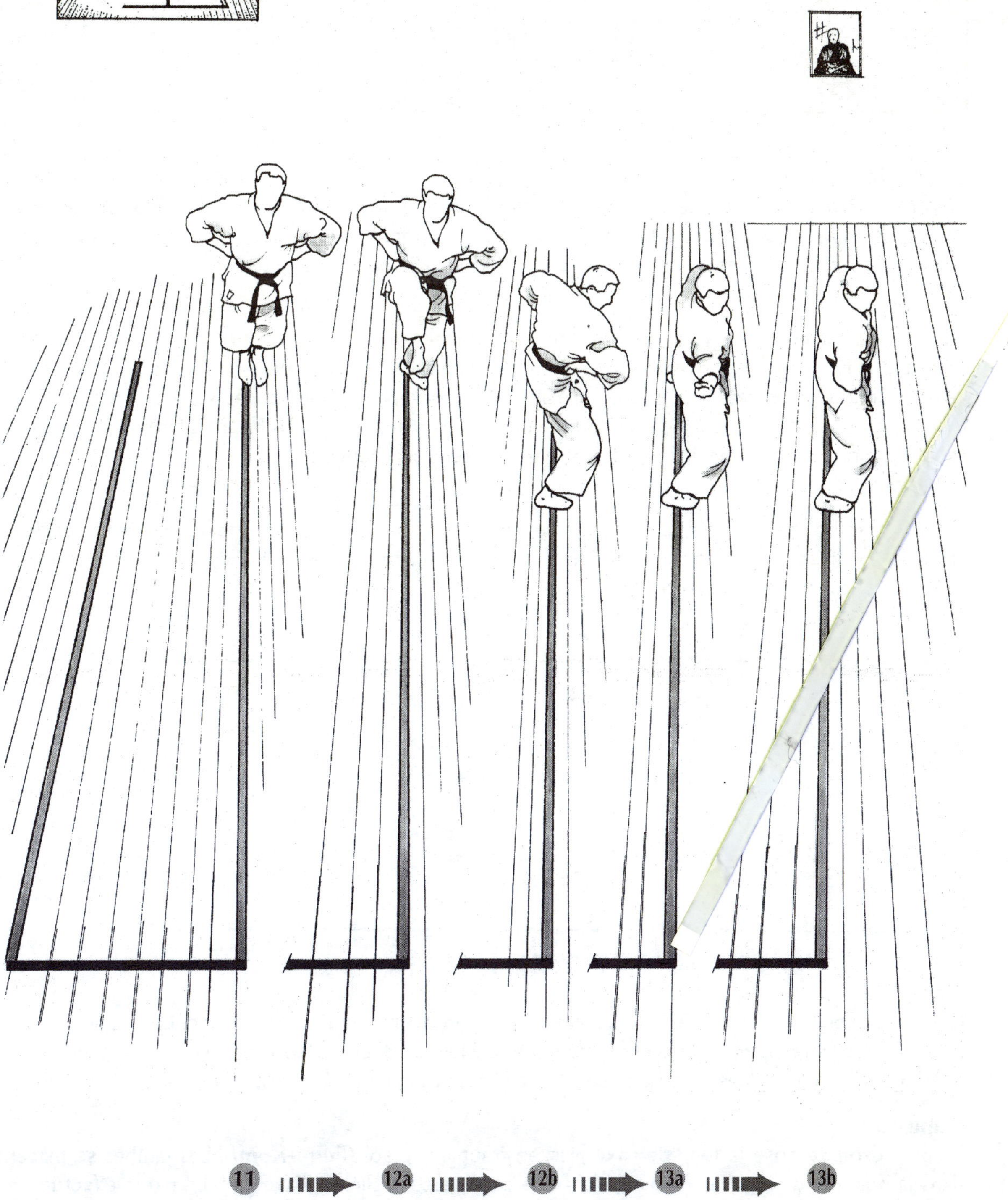
11
12a
12b
13a
13b

TROISIÈME SÉQUENCE suite

Etapes 14, 15, 16.

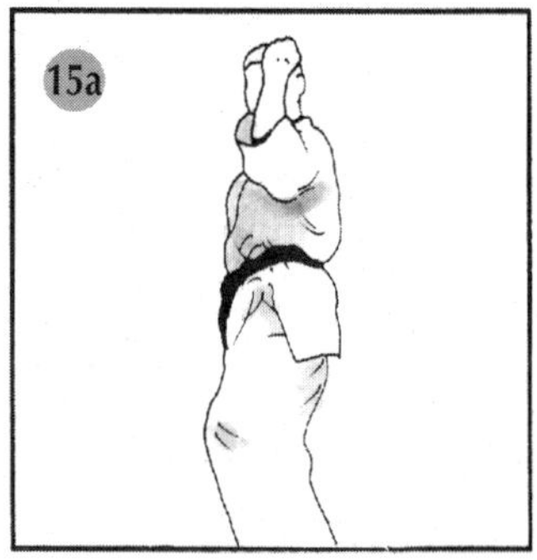

Etape 14a

La jambe gauche se détend et bloque devant une attaque en décrivant un demi-cercle. La frappe est réalisée à l'aide du bord interne du pied. Il est également possible de déplacer son genou devant et sur le côté, en protection. Les poings restent posés sur les hanches, coudes écartés.

Etape 14b

Le pied gauche se pose le long de l'axe gris, en frappant le sol (***Fumi-Komi***). Les jambes se placent dans la position du cavalier (***Kiba-Dachi***). Le corps est parallèle à l'axe gris. Le tronc effectue une légère torsion sur la gauche. Le coude réalise un blocage, les poings posés sur les hanches. Cette technique peut aussi être considérée comme un attaque (***Empi-Yoko-Uchi***). Puis le tronc et le coude gauche reprennent leur position, le corps parfaitement parallèle à l'axe gris.

Etape 15

Le corps ne bouge pas. Seul le bras gauche se détend ; le poing gauche décrit un demi-cercle et attaque par un coup fouetté du revers (***Jodan Uraken-Uchi***, étape 15a). Puis le poing gauche vient se replacer sur la hanche droite (étape 15b).

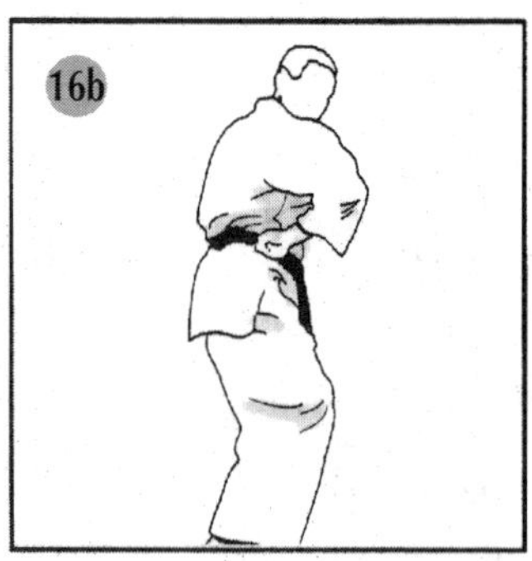

Etape 16a

La jambe droite se détend et bloque une attaque en décrivant un demi-cercle. La frappe se fait à l'aide du bord interne du pied. Il est également possible de déplacer son genou devant et sur le côté, en protection. Les poings restent posés sur les hanches, coudes écartés.

Etape 16b

Le pied droit se pose le long de l'axe gris, en frappant le sol (***Fumi-Komi***). Les jambes se placent dans la position du cavalier (***Kiba-Dachi***). Le corps est parallèle à l'axe gris. Le tronc effectue une légère torsion sur la droite. Le coude réalise un blocage, les poings posés sur les hanches. Cette technique peut aussi être considérée comme un attaque (***Empi-Yoko-Uchi***). Puis le tronc et le coude droit reprennent leur position, le corps parfaitement parallèle à l'axe gris.

14a 14b 15a 15b

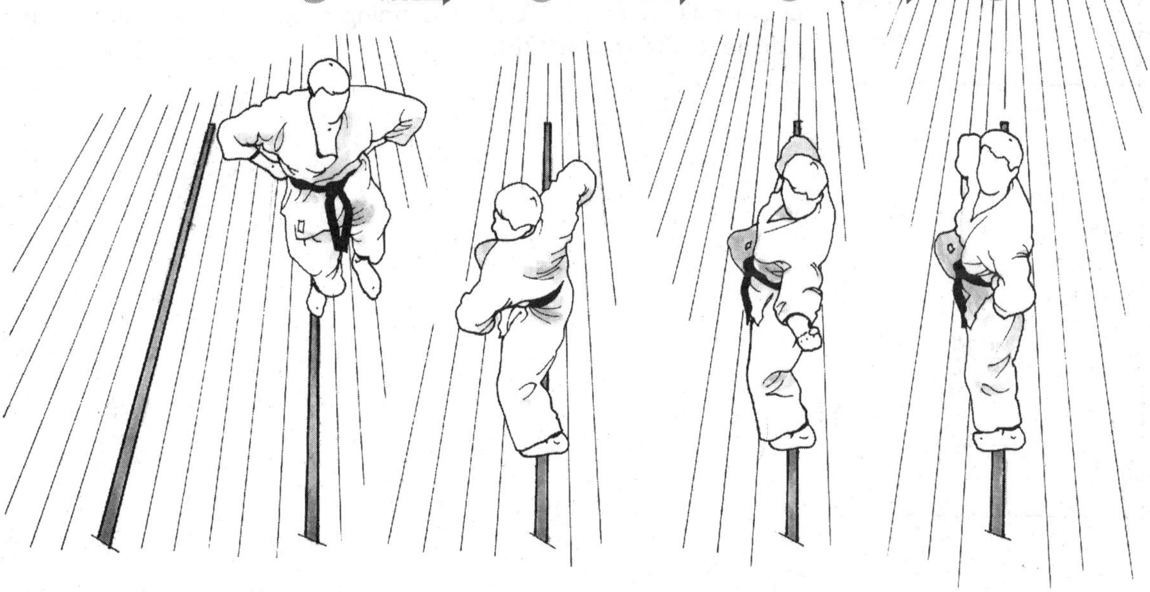

16a 16b

TROISIÈME SÉQUENCE suite

Etapes 17 et 18.

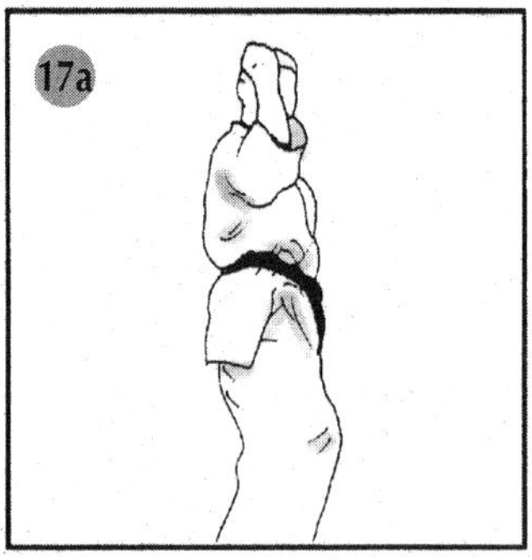

Etape 17

Le corps ne bouge pas. Seul le bras droit se détend ; le poing droit décrit un demi-cercle et attaque par un coup fouetté du revers (***Jodan Uraken-Uchi***, étape 17a).Puis le poing droit vient se replacer sur la hanche droite (étape 17b).

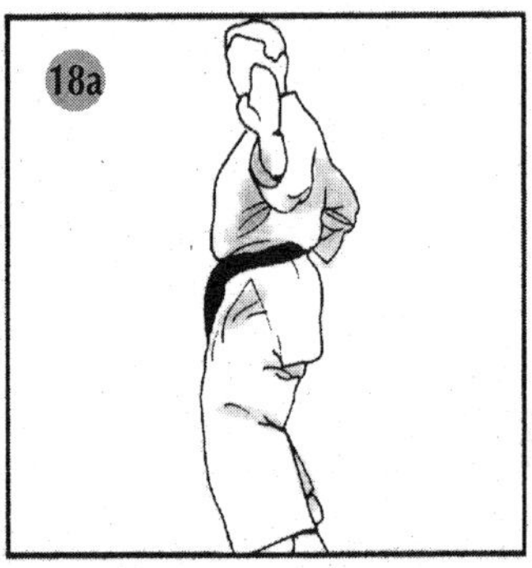

Etape 18 a et b

Sur place, le bras droit se détend, réalise un mouvement circulaire et vient effectuer un blocage main ouverte (***Tate-Shuto-Uke***). Dans le même temps, le coude droit se poste en arrière et se place en ***ikite***. Il existe aussi une version selon laquelle le bras droit vient appuyer contre la hanche gauche et passe sur ou sous le bras gauche qui réalise un mouvement complet ***ikite*** (étape 18b).

Etape 18c

Le pied droit ne bouge pas. Le pied gauche avance d'un pas. Il se retrouve alors sur l'axe noir. Les jambes se placent en position de fente avant gauche (***Zenkutsu-Dachi***). Le bras gauche effectue une attaque directe du poing à moyen niveau (***Chudan Oi-Zuki***).

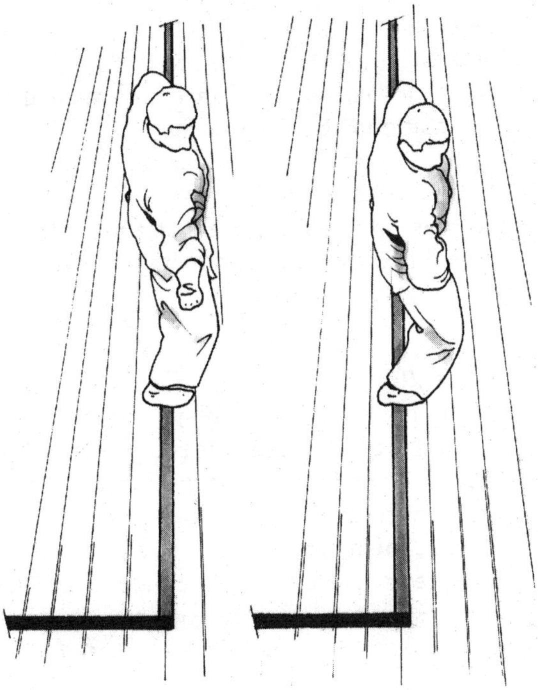

17a → 17b

18a → 18b → 18c

QUATRIÈME SÉQUENCE

Après un changement d'axe et un retour sur l'axe noir, deux attaques courtes sont réalisées sur un adversaire qui vous saisit par l'arrière.

Etape 19a
C'est une étape intermédiaire. Le pied droit vient se placer au niveau du pied gauche, sur l'axe noir. L'écartement des pieds reste le même.

Etape 19b
Le regard et la tête effectuent par la gauche une rotation à 270°, entraînant tout le corps. Le pied gauche, à la fin de cette rotation, se place sur l'axe noir, de l'autre côté du pied droit. Les jambes se placent en position ***Kiba-Dachi***.
Le bras gauche réalise une attaque arrière à l'aide du coude (***Empi-Ushiro-Ate***).
Le bras droit effectue une attaque circulaire à l'aide du poing, tout près du cou, au niveau du visage (***Tate-Zuki Jodan***).

Etape 20
Le mouvement est la réplique symétrique de l'étape 19.
Le pied droit s'écarte vers la droite, sur l'axe noir. Le corps et l'autre pied suivent le même déplacement. La position ***Kiba-Dachi*** est conservée (déplacement ***Uri-Achi***).
Dans le même temps, les bras s'inversent. Le bras droit effectue une attaque arrière à l'aide du coude (***Empi-Ushiro-Ate***).
Le bras gauche effectue une attaque circulaire à l'aide du poing au niveau du visage (***Tate-Zuki Jodan***).

Deuxième kiai.

Retour
Le pied gauche ne bouge pas. Le pied droit se déplace vers la gauche et vient se placer à l'intersection de l'axe noir et de l'axe gris. Position ***Shizentai***.

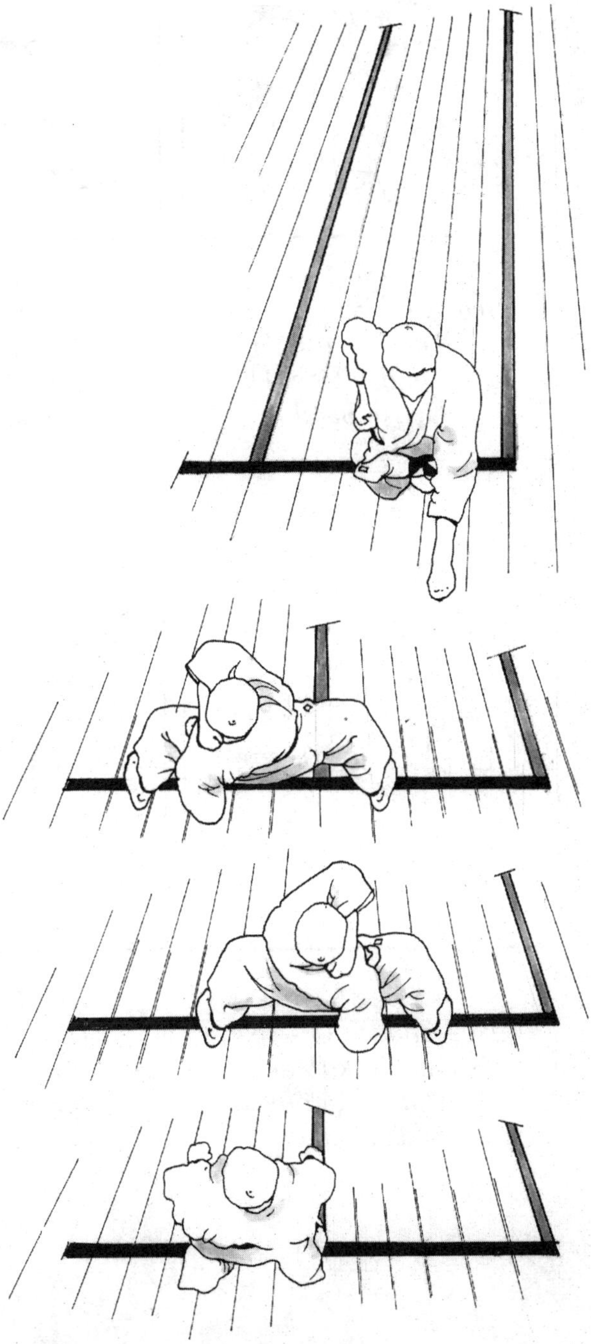

19b

19b

20

Yame

HEIAN-SANDAN APPLICATION

Première séquence

Etape 1
Uke : Chudan Oi-Zuki
Tori : Chudan Uchi-Uke

Etape 2
Uke : Chudan Oi-Zuki
Gedan Gyaku-Zuki
Tori : Chudan Uchi-Uke
Gedan Barai

Etape 3
Uke : Gedan Zuki
Chudan Gyaku-Zuki
Tori : Gedan Barai
Chudan Uchi-Uke

Etape 4
Uke : Chudan Oi-Zuki
Tori : Chudan Uchi-Uke

Etape 5
Uke : Chudan Oi-Zuki
Gedan Gyaku-Zuki
Tori : Chudan Uchi-Uke
Gedan Barai

Etape 6
Uke : Gedan Zuki
Chudan Gyaku-Zuki
Tori : Gedan Barai
Chudan Uchi-Uke

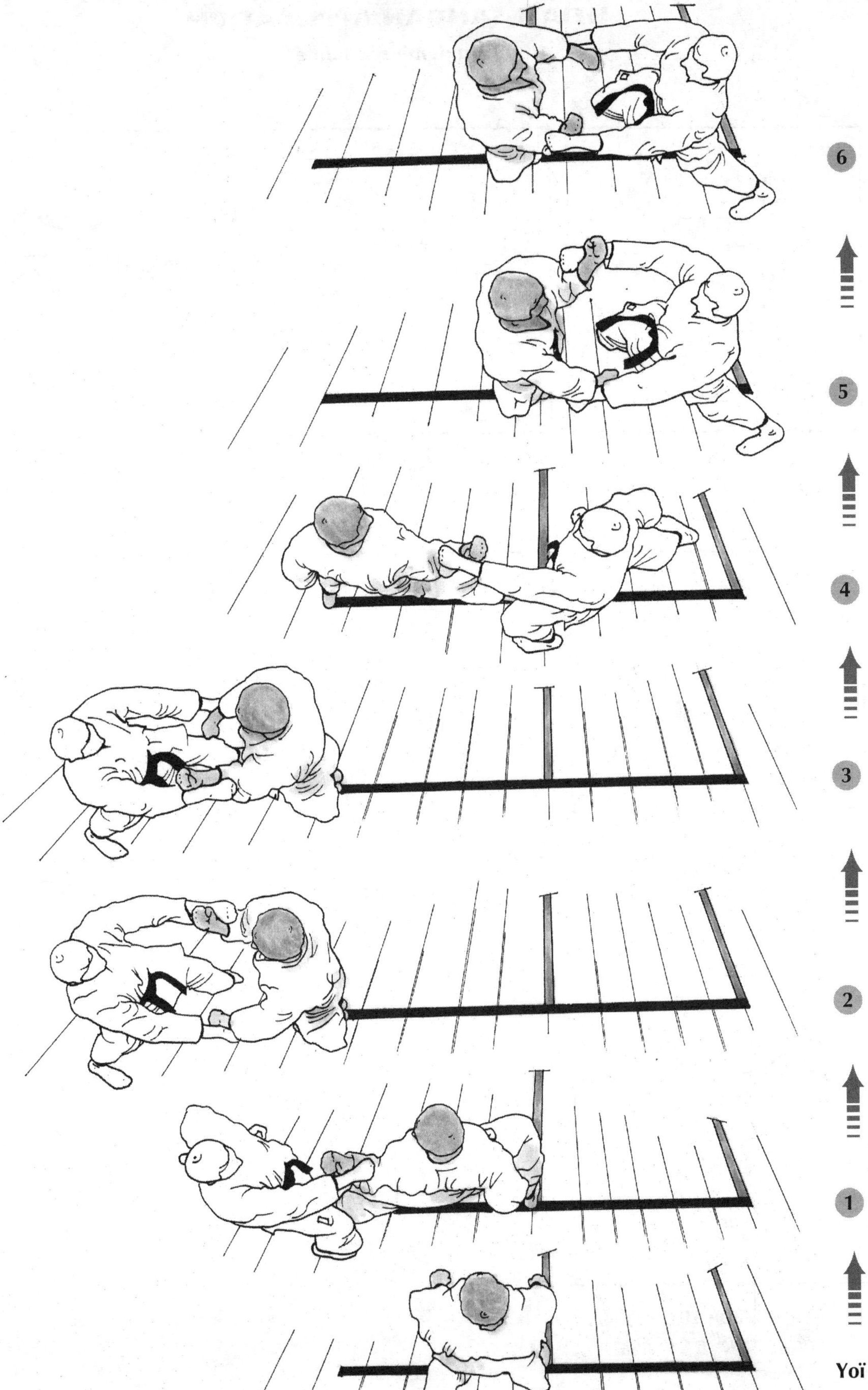
6
5
4
3
2
1
Yoï

HEIAN-SANDAN APPLICATION

Deuxième séquence

Etape 7
Uke : Chudan Oi-Zuki
Tori : Morote-Uke

Etape 8a
Uke : Chudan Oi-Zuki
Tori : Osae-Uke

Etape 8b
Tori : Chudan Shihon-Nukite

Saisie de Uke

Etape 9a
Tori : Dégagement

Etape 9b
Tori : Tetsui-Uchi
ou Empi-Uchi
(selon la distance)

Etape 10
Tori : Chudan Oi-Zuki

7 → 8a → 8b → Saisie

9a → 9b → 10

HEIAN-SANDAN APPLICATION

Troisième séquence

Etape 11
Tori : Koshi-Kamae

Etape 12a
Uke : Chudan Mae-Geri
Tori : Blocage avec le pied

Etape 12b
Uke : Chudan Oi-Zuki
Tori : Empi-Yoko-Uchi

Etape 13a
Tori : Jodan Uraken-Uchi

Etape 13b
Tori : Retour du bras

Etape 14a
Uke : Chudan Mae-Geri
Tori : Blocage du pied

Etape 14b
Uke : Chudan Oi-Zuki
Tori : Empi-Yoko-Uchi

Etape 15
Tori : Jodan Uraken-Uchi

12a 12b 13a 13b

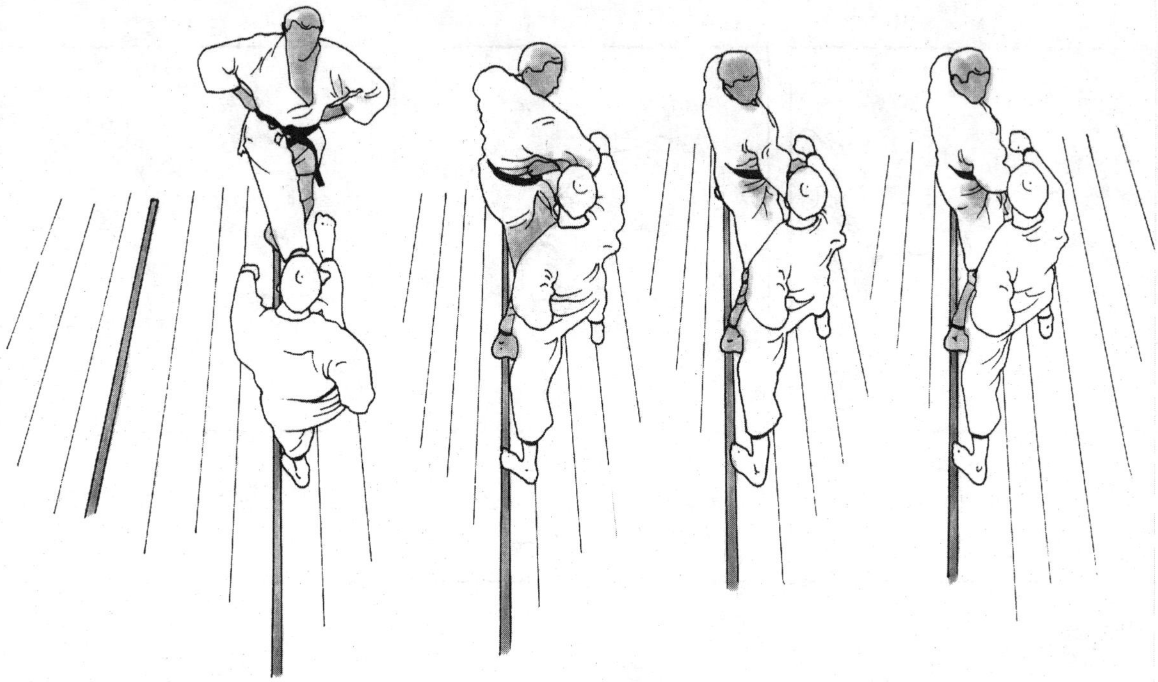

14a 14b 15

HEIAN-SANDAN APPLICATION

Troisième séquence et quatrième séquence

Etape 16a
Uke : Chudan Mae-Geri
Tori : Blocage avec le pied

Etape 16b
Uke : Chudan Oi-Zuki
Tori : Empi-Yoko-Uchi

Etape 17
Tori : Jodan Uraken-Uchi

Etape 18a
Uke : Chudan Oi-Zuki
Tori : Tate-Shuto-Uke

Etape 18b
Tori : Chudan Oi-Zuki

Etape 19
Uke : Saisie par l'arrière
Tori : Jodan Tate-Zuki
Empi-Ushiro-Ate

Etape 20
Uke : Saisie par l'arrière
Tori : Jodan Tate-Zuki
Empi-Ushiro-Ate

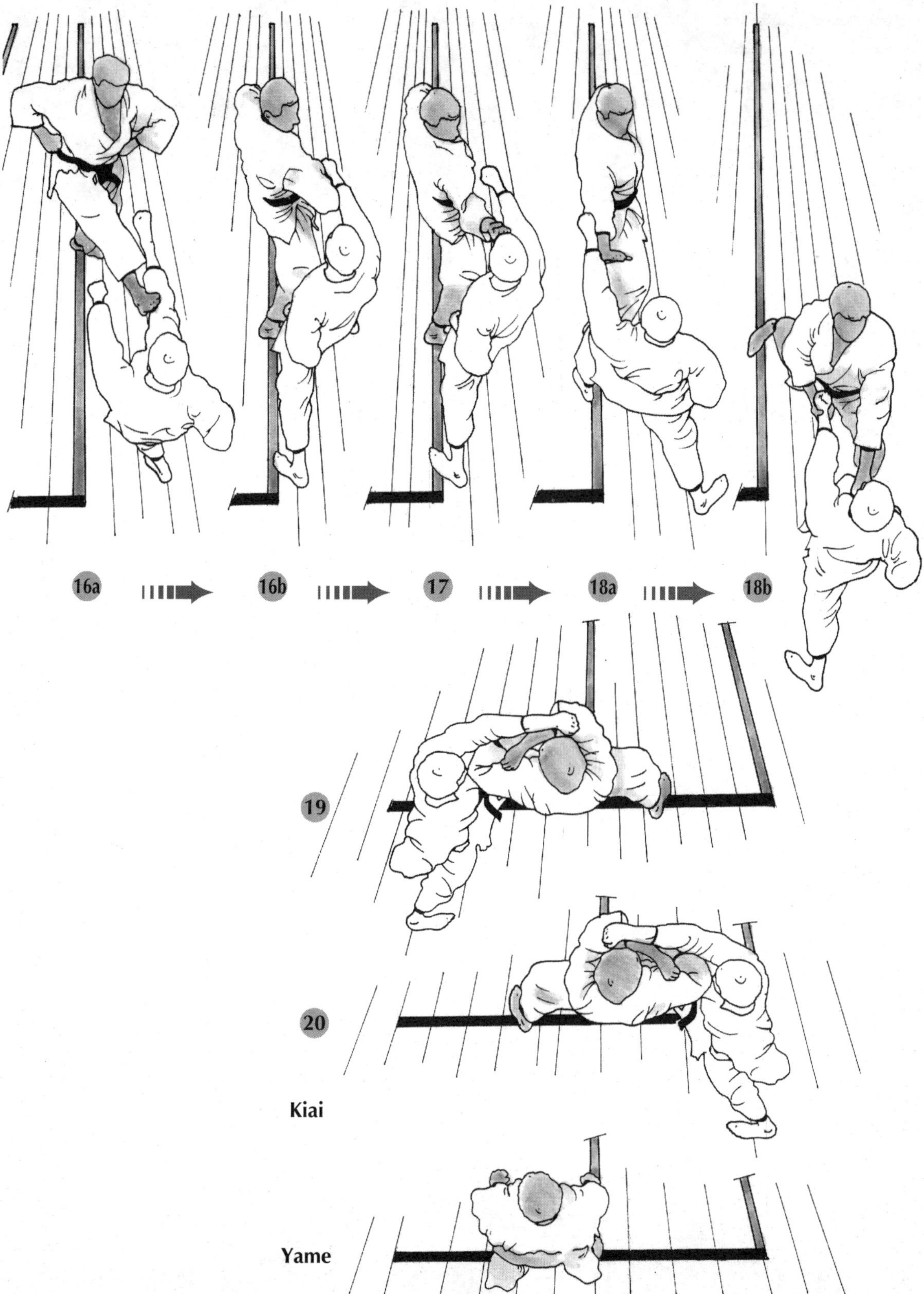
16a
16b
17
18a
18b
19
20
Kiai
Yame

HEIAN-YODAN

平 安 四 段

HEIAN-YODAN

平 安 四 段

Ce kata est demandé pour la ceinture bleue (5e kyu).

Le kata Heian-Yodan est le plus long des katas Heian. Il comprend vingt-sept mouvements. De plus, les nouveautés y sont importantes.

Une nouvelle position est étudiée à l'étape 13 : jambes fléchies et croisées (Kosa-Dachi).

Les techniques mains ouvertes sont nombreuses :
• les blocages au niveau du visage aux étapes 1 et 2 (Jodan Haishu-Uke) de même que la garde haute du bras arrière (Mae-Yoko-Kamae) ;
• l'enchaînement de blocages et d'attaques (Jodan Shuto-Uchi, Jodan Uke) à l'étape 11.

Une nouvelle attaque est présentée à l'étape 25 : le coup de genou (Hiza-Geri).

Ce kata se décompose en six séquences.

- La première séquence :
  Les étapes 1 et 2 se déroulent le long de l'axe noir. Il s'agit de deux techniques symétriques (Jodan Yoko-Uke, Jodan Haishu-Uke).
- La deuxième séquence : de l'étape 3 à 13, le long de l'axe gris.
  Elle comprend un enchaînement de dix mouvements comportant des attaques et des blocages.
  - Etape 3 : Juji-Uke,
  - Etape 4 : Morote-Uke,
  - Etapes 5, 8 : Koshi-Kamae,
  - Etapes 6, 9 : Jodan Keage, Jodan Uraken-Uchi,
  - Etapes 7, 10 : Chudan Mawashi Empi-Uchi,
  - Etape 11 : Shuto Gedan Barai, Jodan Shuto-Uchi,
  - Etape 12 : Mae-Geri,
  - Etape 13 : Jodan Uraken-Uchi.
- Premier kiai.
- La troisième séquence :
  Il s'agit d'une série de quatre mouvements réalisés symétriquement (un dégagement et trois attaques).
  - Etapes 14, 18 : Chudan Kakiwake-Uchi,
  - Etape 15, 19 : Mae-Geri,
  - Etapes 16, 20 : Chudan Oi-Zuki,
  - Etapes 17, 21 : Chudan Gyaku-Zuki.
- La quatrième séquence :
  En revenant le long de l'axe gris, trois blocages sont réalisés en mouvement.
  - Etapes 22, 23, 24 : Chudan Morote-Uke.

- La cinquième séquence :
  Le long de l'axe gris, une saisie de la tête est réalisée, suivie d'un coup de genou et de deux blocages après un demi-tour.
  Etapes 25 : Hiza-Geri,
  Deuxième kiai,
  Etapes 26 : Shuto-Uke,
  Etapes 27 : Shuto-Uke.
- Retour
  Position Shizentai.

TEMPO

1–2–3–4–5,6,7–8,9,10,–11–12,13 Kiai–14–15,16,17–18–19,20,21–22–23, 24–25 Kiai, 26–27.

PREMIÈRE SÉQUENCE ET DÉBUT DEUXIÈME SÉQUENCE

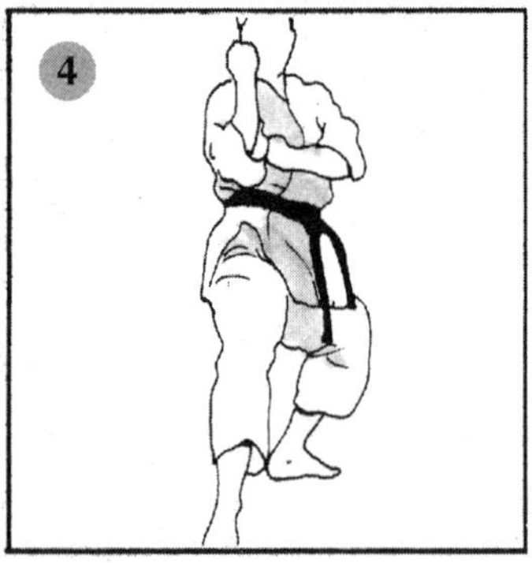

Etape 4
Le pied gauche ne bouge pas. Le pied droit avance d'un pas. Les jambes se placent en position ***Kokutsu-Dachi*** droite. Les bras effectuent un double blocage moyen renforcé droit (***Morote-Uke***).

Etape 3
Le pied droit ne bouge pas. La tête et le regard pivotent de 90° sur la gauche. Le pied gauche avance, vient se placer sur l'axe gris. Les jambes se placent en position ***Zenkutsu-Dachi*** gauche. Les bras effectuent un double blocage bas, poings fermés (***Gedan Juji-Uke***).

DEUXIÈME SÉQUENCE
De l'étape 3 à 13 est réalisé un enchaînement de 10 mouvements comprenant attaques et blocages.

Etape 2
Les pieds ne changent pas de place mais pivotent de 90° sur la droite, en même temps que le regard et la tête. Le poids du corps passe de la jambe droite sur la jambe gauche, les jambes se placent en position ***Kokutsu-Dachi*** droit. Les bras redescendent puis remontent sur la droite en effectuant un double blocage. Selon une autre version, ce mouvement peut sembler un blocage au niveau du visage avec le bras droit (***Jodan Haishu-Uke***), le bras gauche se positionnant en garde haute (***Mae-Yoko-Kamae***).

Etape 1
Le pied droit ne bouge pas. Le regard et la tête pivotent de 90° sur la gauche. Le pied gauche glisse le long de l'axe noir. Les jambes se placent en position de fente arrière gauche (***Kokutsu-Dachi***). Les bras effectuent un double blocage main ouverte, similaire au blocage en ouverture du kata Heian-Nidan. On peut aussi considérer qu'il s'agit d'un blocage du bras gauche au niveau du visage (***Jodan Haishu-Uke***), le bras droit placé en garde haute (***Mae-Yoko-Kamae***).

PREMIÈRE SÉQUENCE
Il s'agit de deux techniques de blocage réalisées d'abord à gauche puis à droite le long de l'axe noir.
Ces techniques sont réalisées lentement, en contraction.

HEIAN-YODAN

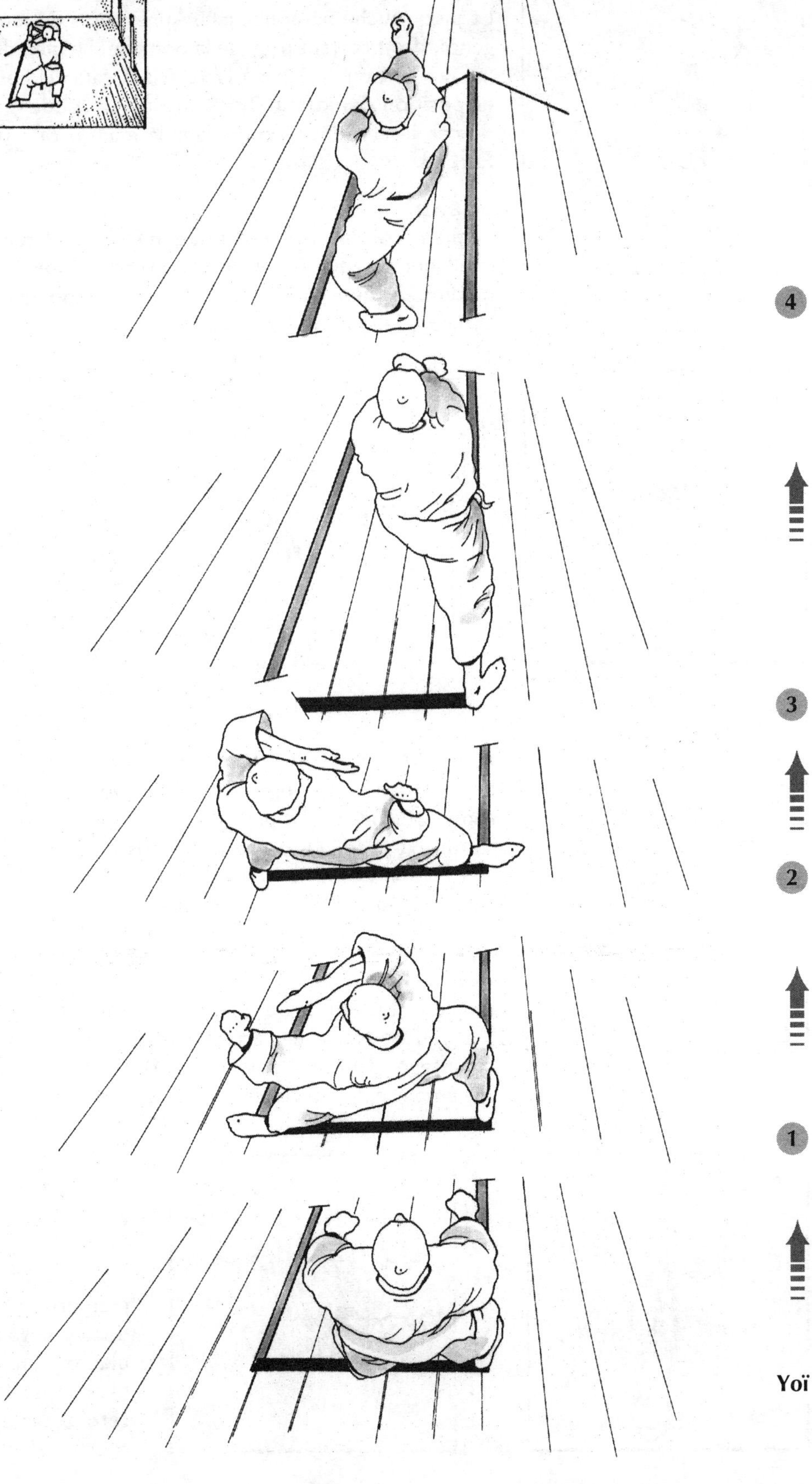

DEUXIÈME SÉQUENCE suite

Le long de l'axe gris.

Etape 10
Le pied gauche ne bouge pas. Après avoir donné le coup de pied, le genou droit revient près de la poitrine. Le pied droit va se poser sur un axe perpendiculaire à l'axe gris, à gauche. Les jambes se placent en position ***Zenkutsu-Dachi*** droite. Le coude gauche dessine un arc de cercle et vient frapper dans la main droite (***Chudan Mawashi Empi-Uchi***).

Etape 9
Le pied droit effectue une attaque fouettée latérale (***Keage***), le bras droit une attaque fouettée du revers du poing au niveau du visage (***Jodan Uraken-Uchi***). Cette attaque du poing peut également être considérée comme un blocage.

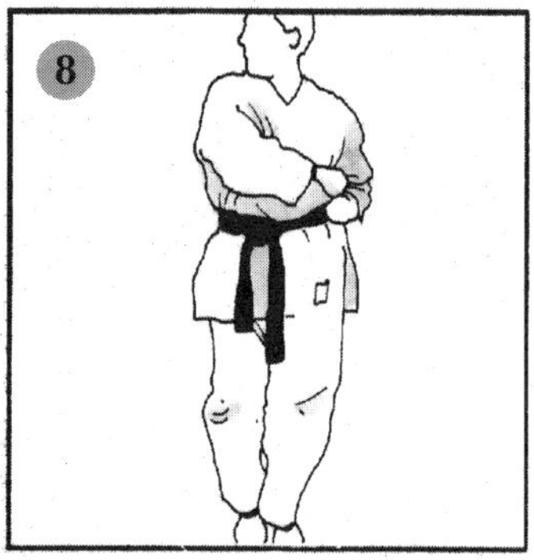

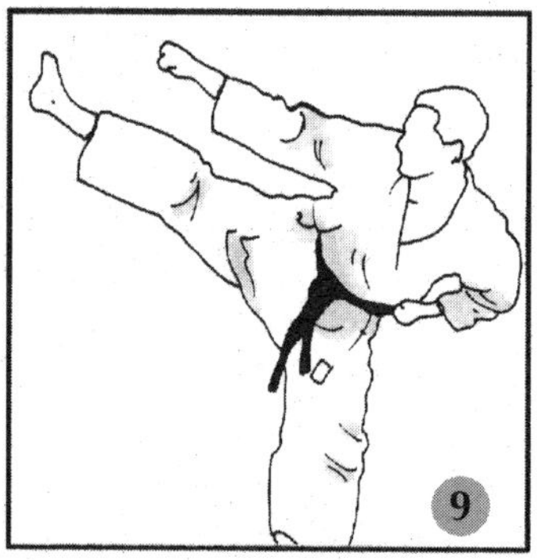

Etape 8
Le pied gauche ne bouge pas. Le pied droit vient au niveau du pied gauche ; les deux poings fermés viennent se placer l'un sur l'autre sur la hanche gauche ; le regard et la tête tournent de 90° sur la droite (***Koshi-Kamae***).

Etape 7
Le pied droit ne bouge pas. Après avoir donné le coup de pied, le genou gauche revient près de la poitrine. Le pied gauche va se poser sur un axe perpendiculaire à l'axe gris, à gauche. Les jambes se placent en position ***Zenkutsu-Dachi*** gauche. Le coude droit dessine un arc de cercle et vient frapper dans la main droite (***Chudan Mawashi Empi-Uchi***).

Etape 6
Le pied gauche effectue une attaque fouettée latérale (***Keage***) ; le bras gauche réalise une attaque fouettée du revers du poing au niveau du visage (***Jodan Uraken-Uchi***). Cette attaque du poing peut également être considérée comme un blocage.

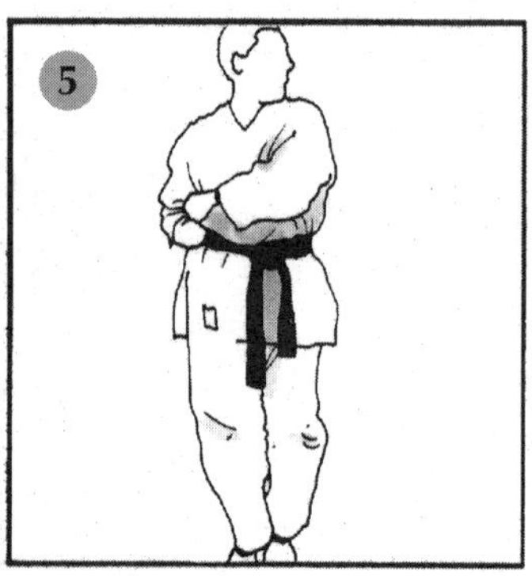

Etape 5
Le pied droit ne bouge pas. Le pied gauche vient au niveau du pied droit ; en même temps, les deux poings fermés viennent se placer l'un sur l'autre sur la hanche droite ; le regard et la tête tournent de 90° sur la gauche (***Koshi-Kamae***).

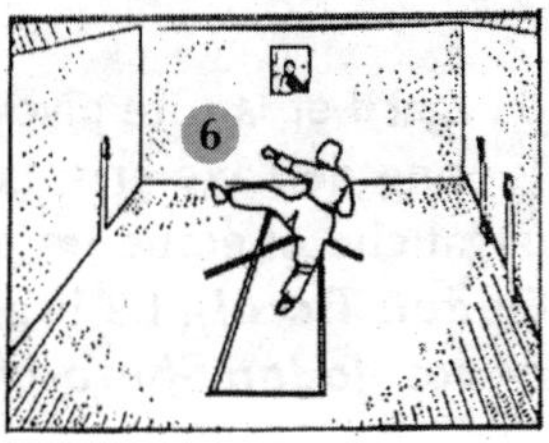
6

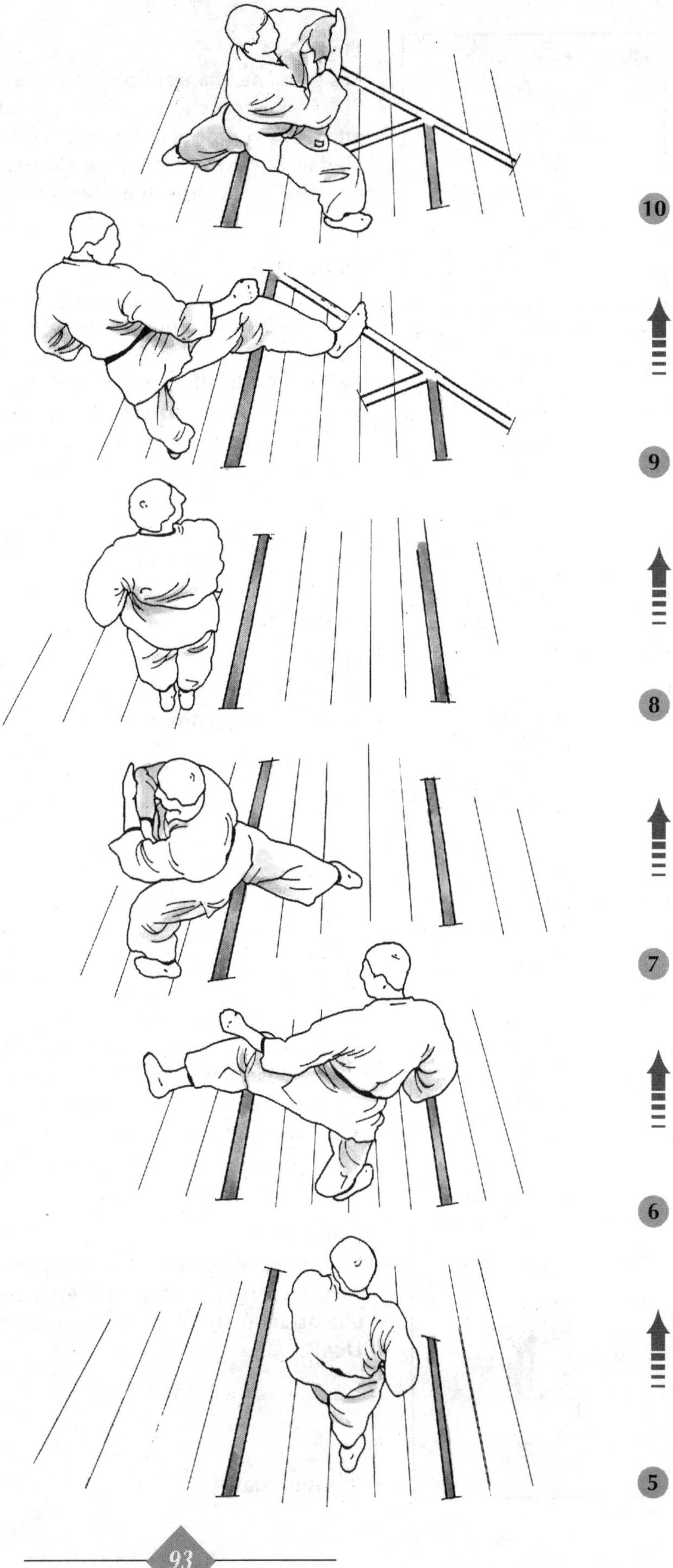
10
9
8
7
6
5

DEUXIÈME SÉQUENCE suite

Etape 11a

Les pieds ne changent pas de place. Le regard et la tête pivotent de 90° vers la gauche et se retrouvent le long de l'axe gris. Les bras effectuent un double blocage. Le bras gauche effectue un blocage Gedan Barai main ouverte (***Shuto Gedan Barai***). Le bras droit effectue un blocage ***Age-Uke*** main ouverte (***Jodan Shuto-Uke***).

Etape 11b

Les pieds ne changent pas de place mais pivotent d'un quart de tour sur la gauche, entraînant tout le corps dans le même mouvement de rotation. Les jambes passent en position ***Zenkutsu-Dachi*** gauche. Le bras droit effectue une attaque circulaire, la main en sabre au niveau du visage (***Jodan Shuto-Uchi***). Le bras gauche effectue un blocage au niveau du visage main ouverte (***Jodan Shuto-Uke***). Tous ces mouvements sont simultanés.

Etape 12

Le pied droit effectue une attaque directe par un coup de pied à moyen niveau (***Mae-Geri Chudan***) et vient se poser le long de l'axe gris.

Etape 13a

Au moment du coup de pied, les bras restent dans la position haute du départ. Avant de poser le pied droit, la main gauche effectue un blocage main ouverte de haut en bas (***Osae-Uke***). Le pied gauche vient le rejoindre et les jambes se croisent. Les genoux se fléchissent légèrement et le poids du corps se porte sur la jambe avant. Cette position jambes croisées est la position ***Kosa-Dachi***.

Etape 13 b

Le pied gauche vient se poser près du pied droit, la jambe gauche vient accrocher la jambe droite, en même temps le poing droit effectue une attaque circulaire ***Uraken*** de haut en bas (***Chudan Uraken-Uchi***).

Premier kiai.

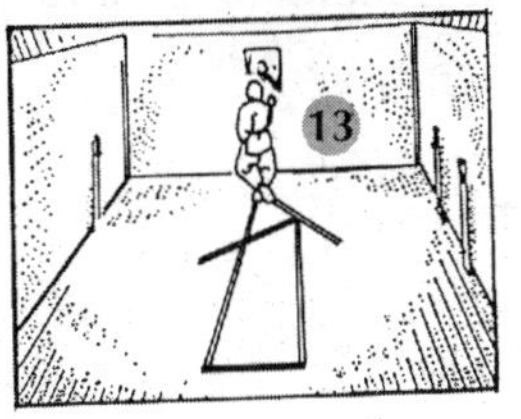

11a → 11b → 12 → 13 Kiai

TROISIÈME SÉQUENCE

Deux séries de mouvements symétriques sont réalisées des étapes 14 à 21.

Etape 14
Le pied droit ne bouge pas. La tête et le corps réalisent une rotation à 270° par la gauche. Après la rotation, le pied gauche avance le long d'un axe formant un angle de 45° avec l'axe blanc. Les jambes se placent en position ***Kokutsu-Dachi***. Dans le même temps, les bras effectuent un mouvement de dégagement sur une double saisie au corps (***Chudan Kakiwake-Uke***).

Etape 15
La jambe droite effectue sur le même axe une attaque directe par un coup de pied au niveau du visage (***Jodan Mae-Geri***).

Etape 16
Le pied droit se pose devant le long de cet axe. Les jambes se placent en position ***Zenkutsu-Dachi*** droite. Le bras droit effectue une attaque directe du poing au niveau du visage (***Jodan Oi-Zuki***).

Etape 17
Sur place, le bras gauche effectue une attaque directe du poing arrière à moyen niveau (***Chudan Gyaku-Zuki***).
Le même enchaînement est maintenant réalisé selon un axe perpendiculaire au précédent, à 45° par rapport à l'axe blanc.

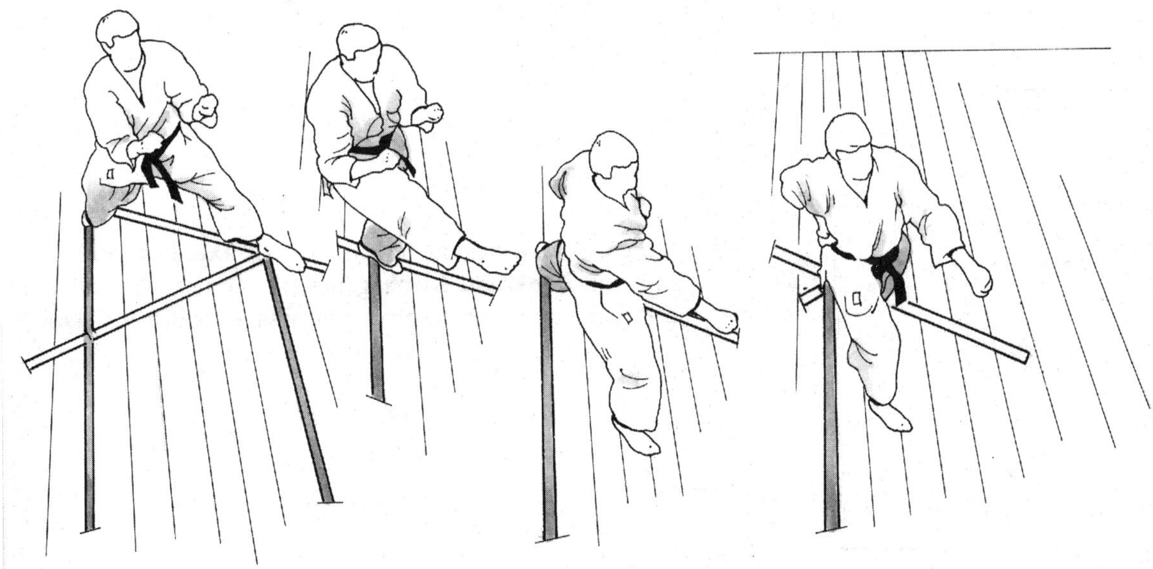

14 → 15 → 16 → 17

Etape 18

Le pied gauche ne bouge pas. La tête et le corps tournent d'un quart de tour vers la droite. Après la rotation, le pied droit avance le long d'un axe formant un angle de 45° avec l'axe blanc. Les jambes se placent en position ***Kokutsu-Dachi***. Dans le même temps, les bras effectuent un mouvement de dégagement sur une double saisie au corps (***Chudan Kakiwake-Uke***).

Etape 19

La jambe gauche effectue sur le même axe une attaque directe par un coup de pied au niveau du visage (***Jodan Mae-Geri***).

Etape 20

Le pied gauche se pose devant le long de cet axe. Les jambes se placent en position ***Zenkutsu-Dachi*** gauche. Le bras gauche effectue une attaque directe du poing au niveau du visage (***Jodan Oi-Zuki***).

Etape 21

Sur place, le bras droit effectue une attaque directe du poing arrière à moyen niveau (***Chudan Gyaku-Zuki***).

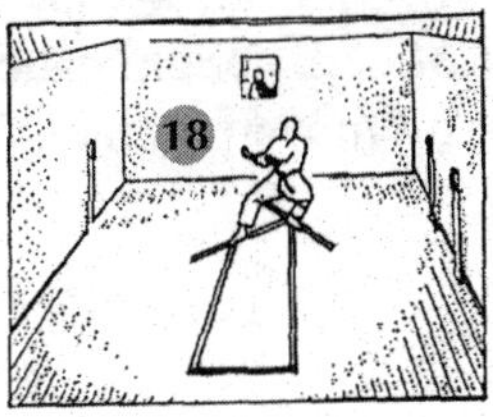

18 → 19 → 20 → 21

QUATRIÈME SÉQUENCE

Vous réalisez maintenant trois blocages en revenant de l'axe gris.

Etape 22

Le pied droit ne bouge pas. Le regard, la tête et le corps tournent de 45° sur la gauche. Les deux pieds se retrouvent donc le long de l'axe gris. Les jambes se placent en position ***Kokutsu-Dachi*** gauche. Les bras effectuent un blocage renforcé gauche à moyen niveau (***Chudan Morote-Uke***).

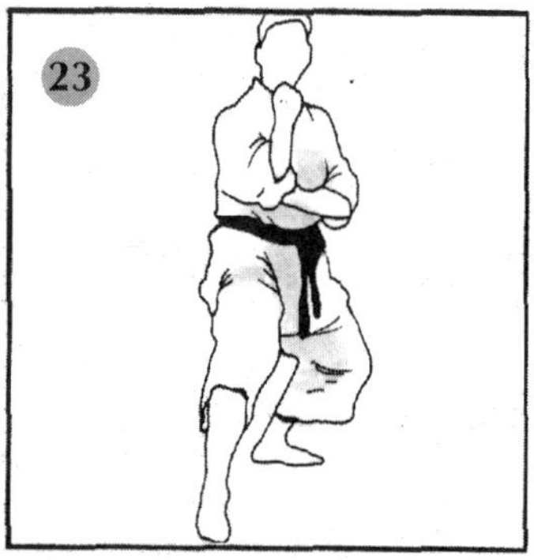

Etape 23

Le pied gauche ne bouge pas. Le pied droit avance d'un pas. Les deux pieds se retrouvent donc le long de l'axe gris. Les jambes se placent en position ***Kokutsu-Dachi*** droite. Les bras effectuent un blocage renforcé droit à moyen niveau (***Chudan Morote-Uke***).

Etape 24

Le pied droit ne bouge pas. Le pied gauche avance d'un pas. Les deux pieds se retrouvent donc le long de l'axe gris. Les jambes se placent en position ***Kokutsu-Dachi*** gauche. Les bras effectuent un blocage renforcé gauche à moyen niveau (***Chudan Morote-Uke***).

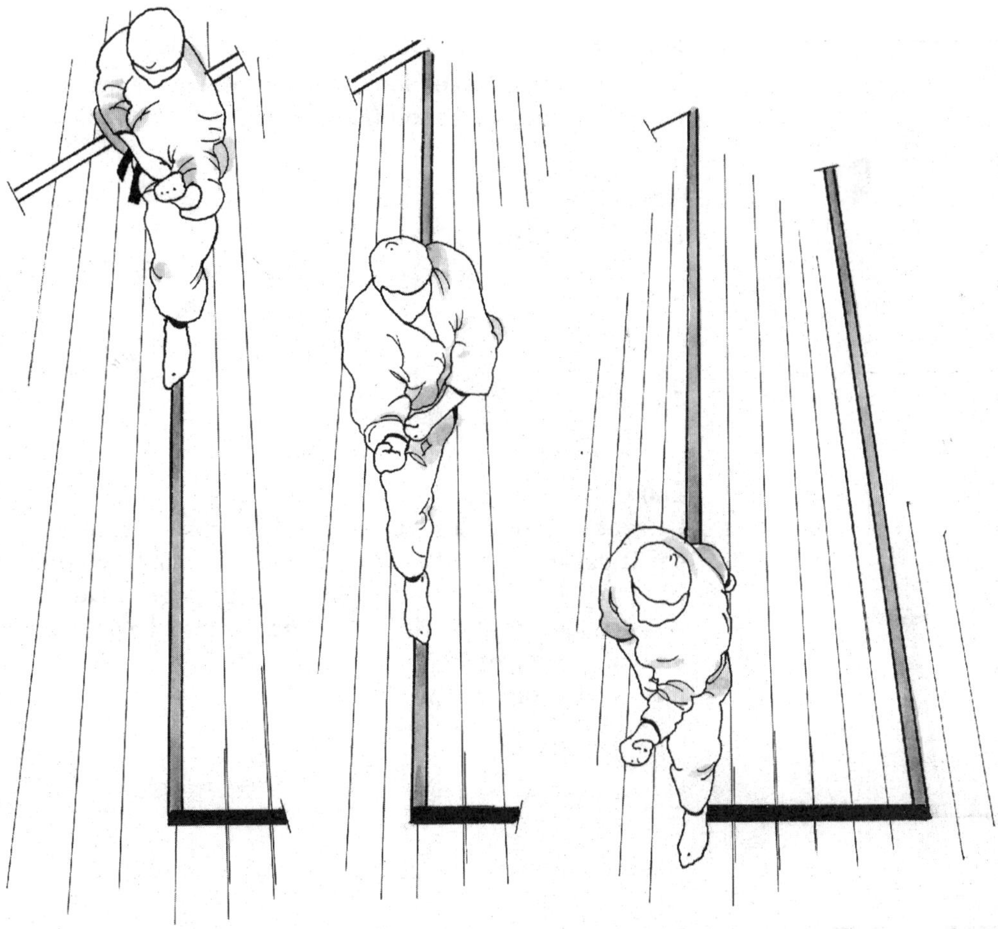

22 → 23 → 24

CINQUIÈME SÉQUENCE

La dernière séquence se compose d'une saisie de la tête, d'une attaque du genou et de deux blocages le long de l'axe gris.

Etape 25a

Le pied gauche se déplace d'une distance égale à la largeur du bassin sur la gauche. Les jambes passent de la position ***Kokutsu-Dachi*** à la position ***Zenkutsu-Dachi***. Les deux bras se tendent pour saisir la tête d'un adversaire.

Etape 25b

Les deux bras descendent ; dans le même temps, la jambe droite donne un coup de genou (***Hiza-Geri***).

Deuxième kiai.

Etape 26

Le genou reste en l'air. La tête et le corps effectuent un demi-tour par la gauche, le pied gauche en pied d'appui. Le pied droit vient se poser derrière l'axe noir sur un prolongement de l'axe gris. Les jambes se placent en position ***Kokutsu-Dachi*** droite. Le bras gauche effectue un blocage moyen la main en sabre (***Shuto-Uke***). Le tranchant de la main droite se place sur le sternum.

Etape 27

Le pied gauche ne bouge pas. Le pied droit avance d'un pas. Les jambes se placent en position ***Kokutsu-Dachi*** droite. Le bras droit effectue un blocage ***Shuto-Uke***. Le tranchant de la main gauche se place sur le sternum.

Retour

Le pied gauche ne bouge pas. Le pied droit revient à l'intersection de l'axe noir et de l'axe gris, position ***Shizentai***.

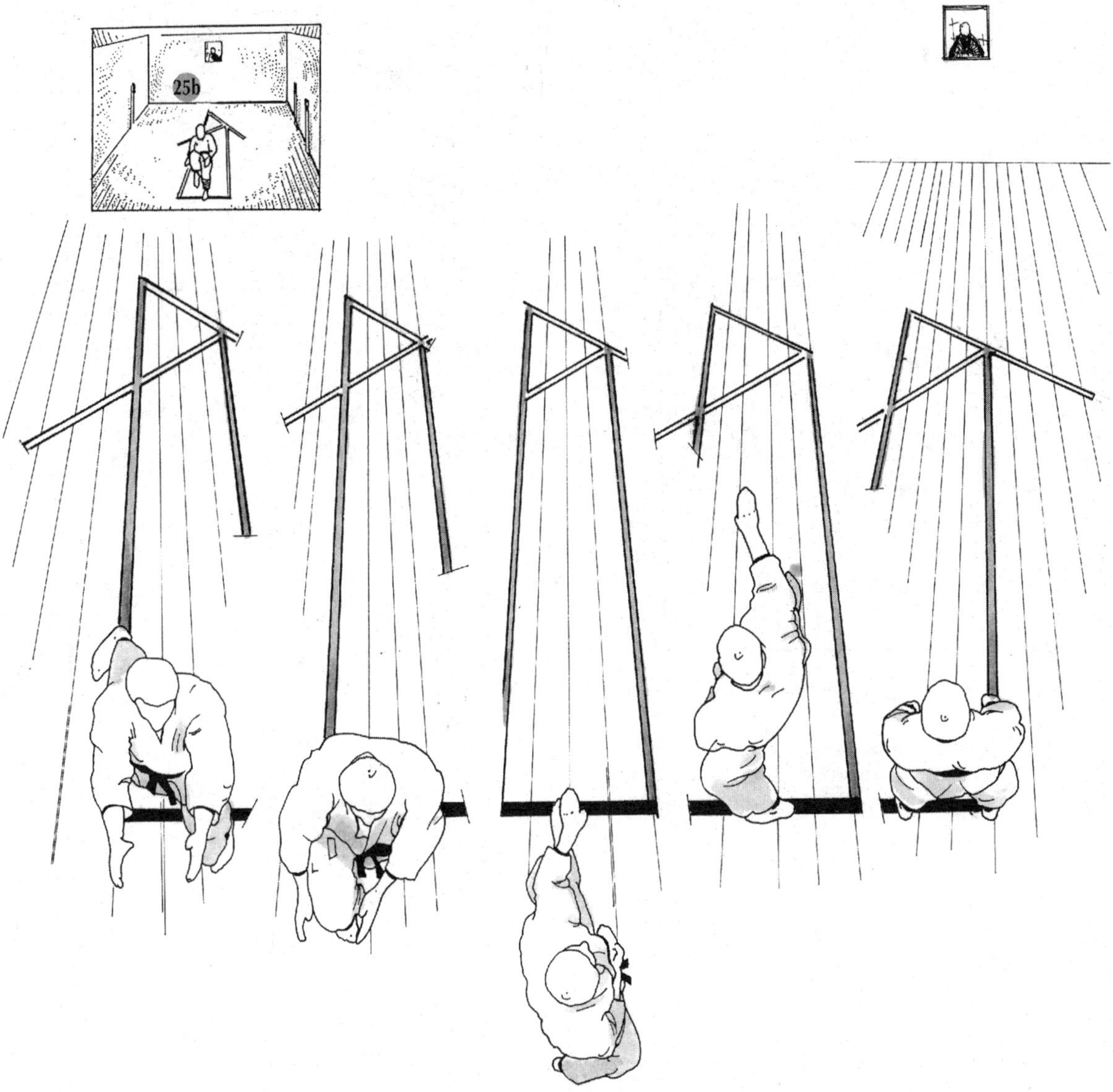

25a → 25b → 26 → 27 → Yame

KIAI

HEIAN-YODAN APPLICATION

Première séquence et début deuxième séquence

Etape 4
Uke : Chudan Oi-Zuki
Tori : Chudan Morote-Uke

Etape 3
Uke : Gedan Mae-Geri
Tori : Gedan Juji-Uke

Etape 2
Uke : Jodan Oi-Zuki
Tori : Jodan Haishu-Uke

Etape 1
Uke : Jodan Oi-Zuki
Tori : Jodan Haishu-Uke

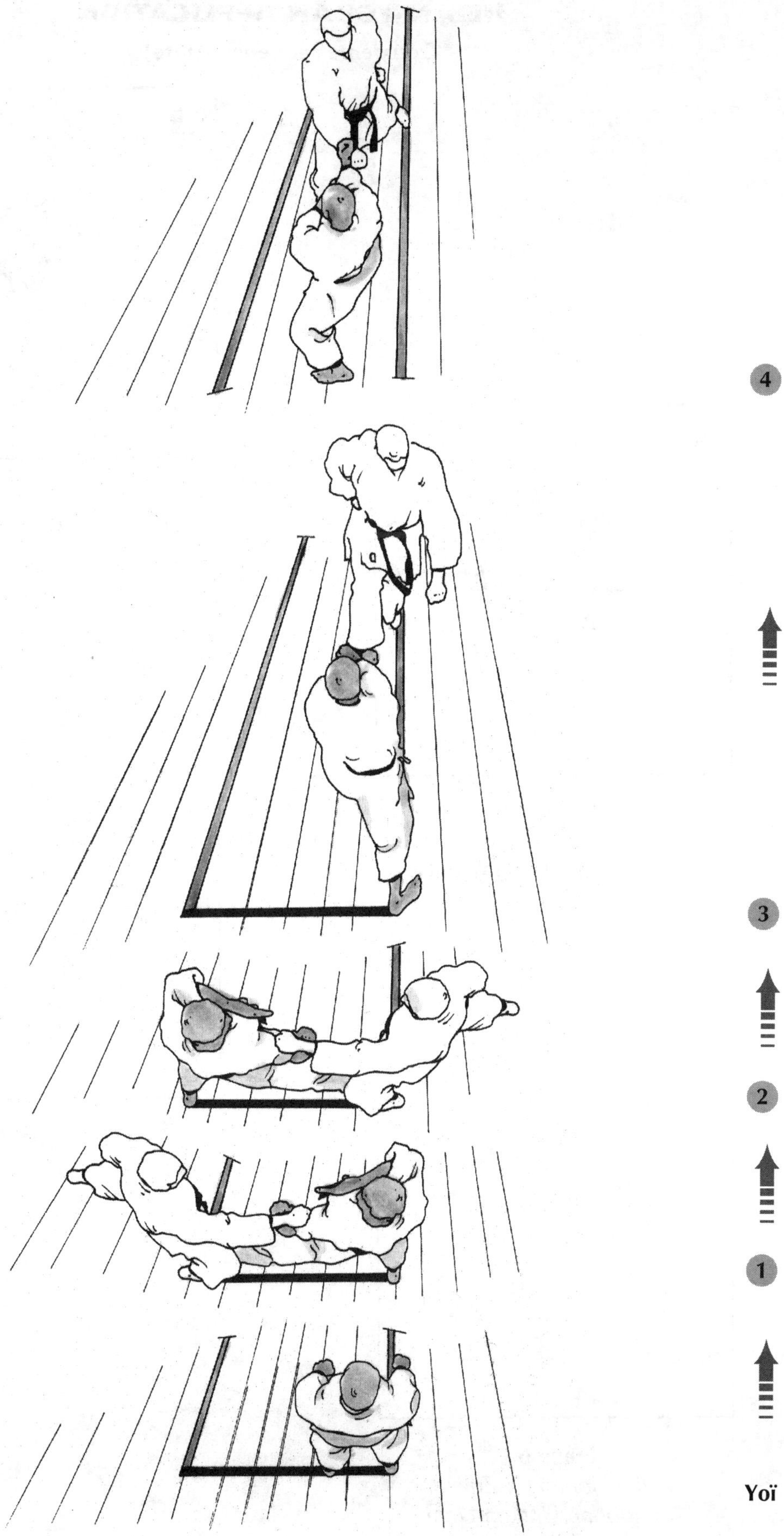
4
3
2
1
Yoï

HEIAN-YODAN APPLICATION

Deuxième séquence (suite)

Etape 10
Tori : Chudan Mawashi Empi-Uchi

Etape 9
Uke : Jodan Oi-Zuki
Tori : Jodan Uraken-Uchi Keage

Etape 7
Tori : Chudan Mawashi Empi-Uchi

Etape 6
Uke : Jodan Oi-Zuki
Tori : Jodan Uraken-Uchi Keage

10
9
8
7
6
5

HEIAN-YODAN APPLICATION

Fin de deuxième séquence et début de troisième séquence

Etape 11a *Uke : Mae-Geri*
Tori : Shuto Gedan Barai

Etape 11b *Uke : Jodan Oi-Zuki*
Tori : Jodan Shuto-Uchi

Etape 12 *Tori : Chudan Mae-Geri*

Etape 13 *Uke : Chudan Gyaku-Zuki*
Tori : Osae-Uke
Chudan Uraken-Uchi

Etape 14 *Uke : Double saisie*
Tori : Chudan Kakiwake-Uke

Etape 15 *Tori : Chudan Mae-Geri*

Etape 16 *Tori : Chudan Oi-Zuki*

Etape 17 *Tori : Chudan Gyaku-Zuki*

11a ➔ 11b ➔ 12 ➔ 13 **Kiai**

14 ➔ 15 ➔ 16 ➔ 17

HEIAN-YODAN APPLICATION

Fin de troisième séquence et quatrième séquence

Etape 18
Uke : Double saisie
Tori : Chudan Kakiwake-Uke

Etape 19
Tori : Chudan Mae-Geri

Etape 20
Tori : Chudan Oi-Zuki

Etape 21
Tori : Chudan Gyaku-Zuki

Etape 22
Uke : Chudan Oi-Zuki
Tori : Chudan Morote-Uke

Etape 23
Uke : Chudan Oi-Zuki
Tori : Chudan Morote-Uke

Etape 24
Uke : Chudan Oi-Zuki
Tori : Chudan Morote-Uke

18 19 20 21

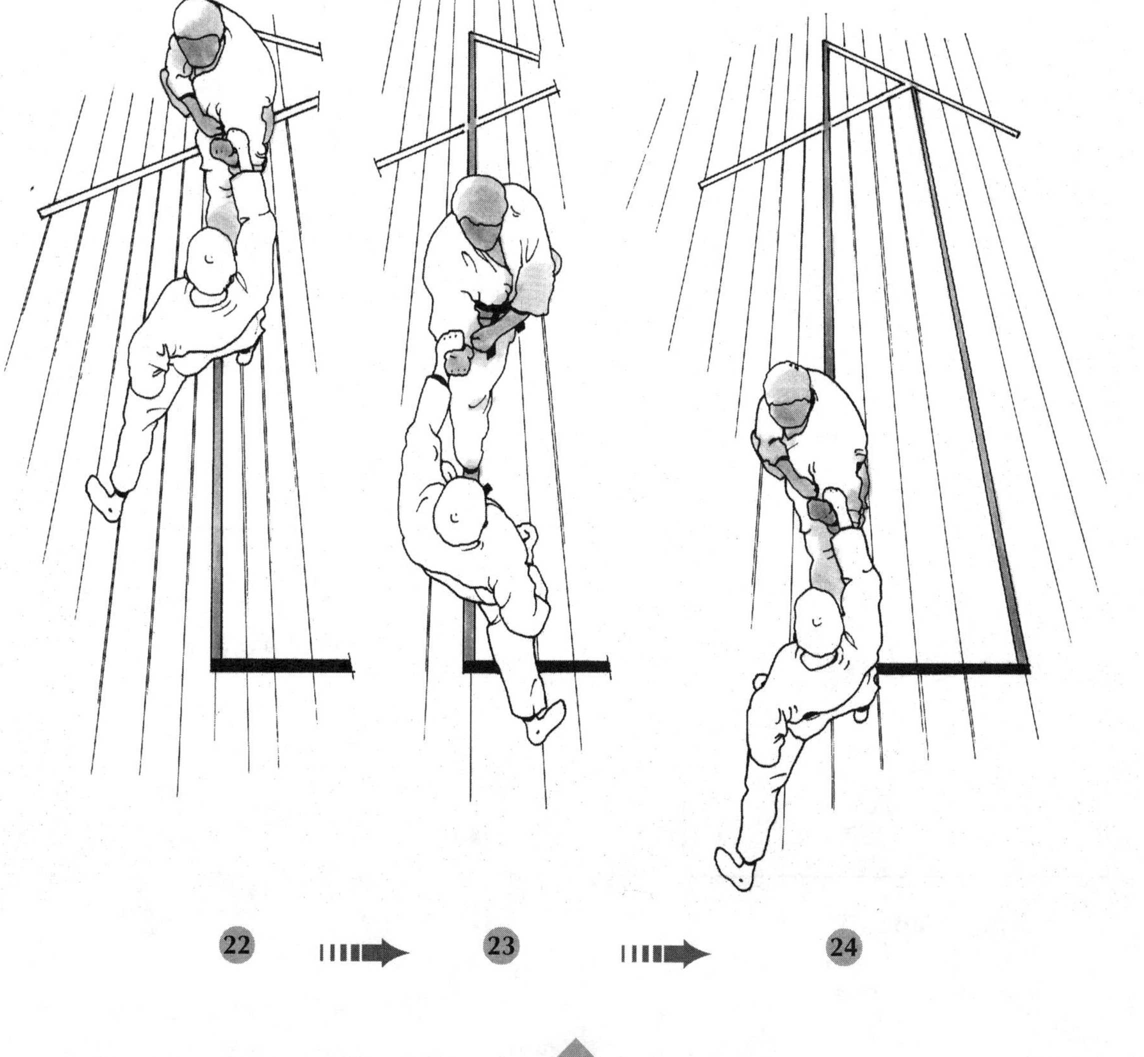

22 23 24

HEIAN-YODAN APPLICATION

Cinquième séquence

Etape 25a
Tori : Saisie

Etape 25b
Tori : Hiza-Geri

Etape 26
Uke : Chudan Oi-Zuki
Tori : Shuto-Uke

Etape 27
Tori : Shuto
(version contre-attaque)

25a → 25b → 26 → 27 * → Yame

* *Version blocage Shuto-Uke*

HEIAN-GODAN

平 安 五 段

HEIAN-GODAN

平 安 五 段

Ce kata est demandé pour la ceinture violette (4e kyu).

De nouvelles positions à des niveaux différents sont présentées :
• la position basse Kosa-Dachi à l'étape 19,
• la position debout, pieds serrés, Heisoku-Dachi aux étapes 3, 6, 22,
• la position haute Renoji-Dachi à l'étape 18,
• le saut à l'étape 19.

Une nouvelle façon de frapper avec le poing est présentée.
Il s'agit de la frappe de bas en haut : Morote Ushiro Age-Zuki à l'étape 18.

L'enchaînement sur place des positions Kokutsu-Dachi et Zenkutsu-Dachi est étudié aux étapes 21 et 23.

Le kata est composé de vingt-trois mouvements regroupés en quatre séquences.

- La première séquence :
  Le long de l'axe noir : étapes 1 à 6.
  Il s'agit de deux enchaînements symétriques.
  Etapes 1 et 4 : Chudan Uchi-Uke,
  Etapes 2 et 5 : Chudan Gyaku-Zuki,
  Etapes 3 et 6 : Kagi-Kamae.

- La deuxième séquence :
  Le long de l'axe gris : de l'étape 7 à l'étape 12, une série de blocages et d'attaques.
  Etape 7 : Chudan Morote-Uke,
  Etape 8 : Gedan Juji-Uke,
  Etape 9 : Jodan Juji-Uke,
  Etape 10 : Chudan Osae-Uke,
  Etape 11 : Chudan Zuki,
  Etape 12 : Oi-Zuki.
  Premier Kiai.

- La troisième séquence :
  Toujours le long de l'axe gris, une série d'attaques et de blocages.
  Etape 13 : Gedan Barai,
  Etape 14 : Chudan Kake-Uke,
  Etape 15 : Mikazuki-Geri,
  Etape 16 : Chudan Empi-Uchi,
  Etape 17 : Chudan Morote-Uke,
  Etape 18 : Morote Ushiro Age-Zuki,
  Etape 19 : Gedan Juji-Uke.
  Deuxième Kiai.
  Etape 20 : Morote-Uke.

- La quatrième séquence :
De l'étape 21 à l'étape 23 : le long de l'axe gris près de l'intersection avec l'axe noir, un enchaînement de blocages.
  Etape 21a et 23a : Gyaku-Nukite Gedan et Nagashi-Uke,
  Etape 21b et 23b : Jodan Uchi-Uke et Gedan Barai.
- Retour :
Position Shizentai.

TEMPO

1,2–3–4,5–6–7–8–9,10,11,12, Kiai–13–14–15,16–17,18–19
Kiai–20–21a,21b–22–23a,23b.

PREMIÈRE SÉQUENCE

Les six premières étapes sont symétriques et se déroulent le long de l'axe noir.

Etape 6
Cette étape se réalise lentement, en contraction.
Le pied droit ne bouge pas. Le pied gauche vient se placer près du pied droit. Les deux pieds sont alors perpendiculaires à l'axe noir. En même temps, le regard et la tête tournent d'un quart de tour sur la gauche. Le bras droit effectue lentement une attaque circulaire du poing. Les jambes sont presque tendues, genoux légèrement fléchis (***Heisoku-Dachi***). Il est possible aussi de considérer qu'il s'agit d'une prise de garde (***Kagi-Kamae***).

Etape 5
Le corps ne bouge pas. Le bras gauche effectue sur la droite une attaque du poing (***Chudan Gyaku-Zuki***). Le bras droit se place en ***ikite***.

Etape 4
Le regard et la tête restent fixés le long de l'axe noir. Le pied droit glisse le long de l'axe noir. Les jambes se placent en position ***Kokutsu-Dachi***. Le bras droit effectue un blocage sur la droite (***Chudan Uchi-Uke***).

Etape 3
Cette étape se réalise lentement, en contraction.
Le pied gauche ne bouge pas. Le pied droit vient se placer près du pied gauche. Les deux pieds sont alors perpendiculaires à l'axe noir. En même temps, le regard et la tête pivotent à 180° sur la droite. Le bras gauche effectue lentement une attaque circulaire du poing. Les jambes sont presque tendues, genoux légèrement fléchis (***Heisoku-Dachi***). Il est possible aussi de considérer qu'il s'agit d'une prise de garde (***Kagi-Kamae***).

Etape 2
Le corps ne bouge pas. Le bras droit effectue sur la gauche une attaque du poing (***Chudan Gyaku-Zuki***). Le bras gauche se place en ***ikite***.

Etape 1
Le regard et la tête tournent d'un quart de tour sur la gauche. Le pied gauche glisse le long de l'axe noir. Les jambes se placent en position ***Kokutsu-Dachi*** gauche. Le bras gauche effectue un blocage sur la gauche (***Chudan Uchi-Uke***).

HEIAN-GODAN

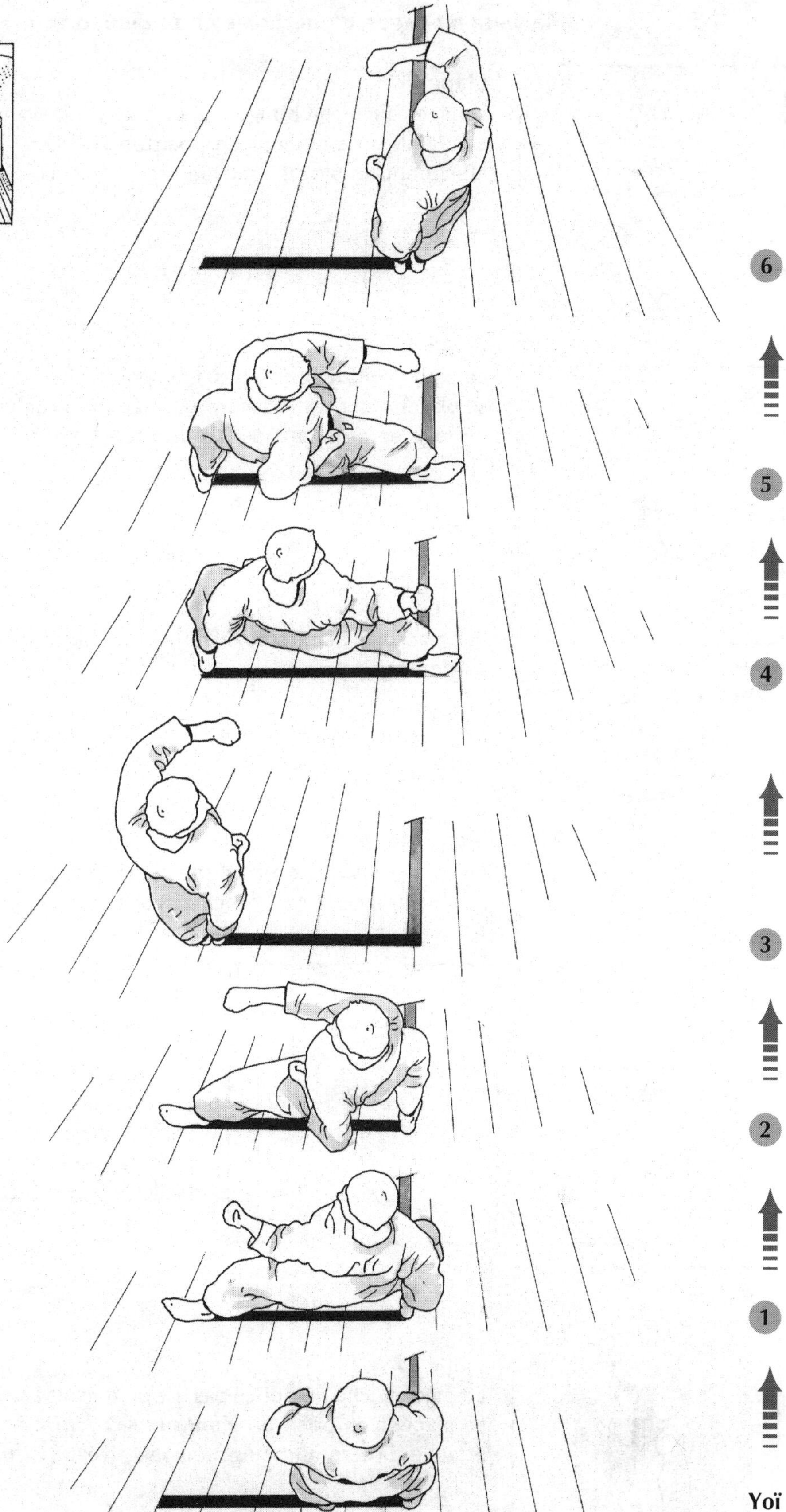

DEUXIÈME SÉQUENCE

Les six prochaines étapes (7 à 12) constituent un enchaînement de deux blocages, d'une saisie et de deux attaques.

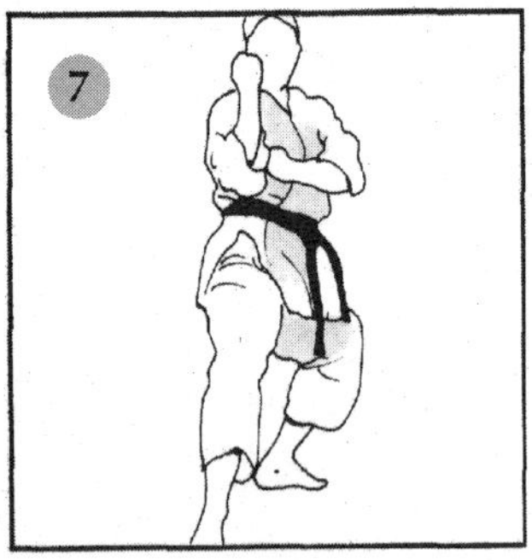

Etape 7
Le pied gauche ne bouge pas. Le pied droit avance le long de l'axe blanc. Les jambes se placent en position ***Kokutsu-Dachi*** droite. Les bras effectuent un blocage moyen droit renforcé (***Morote-Uke***).

Etape 8
Le pied droit ne bouge pas. Le pied gauche avance d'un pas. Les jambes se placent en position ***Zenkutsu-Dachi*** gauche. Les bras effectuent un blocage en croix en bas (***Gedan Juji-Uke***).

Etape 9
Sur place, les deux bras effectuent un blocage en croix, mains ouvertes (***Jodan Juji-Uke***).

Etape 10
Sur place, les deux mains effectuent une saisie du bras de l'adversaire et se rejoignent à la hanche droite, les poings superposés (***Chudan Osae-Uke***).

Etape11
Sur place, le bras gauche effectue une attaque circulaire le poing en marteau à moyen niveau (***Chudan Tetsui-Uchi***). Une attaque directe du poing peut également être réalisée (***Chudan Zuki***).

Etape 12
Le pied gauche ne bouge pas. Le pied droit avance d'un pas. Les jambes se placent en position ***Zenkutsu-Dachi***. Le bras droit effectue une attaque directe du poing à moyen niveau (***Chudan Zuki***).

Premier kiai.

12

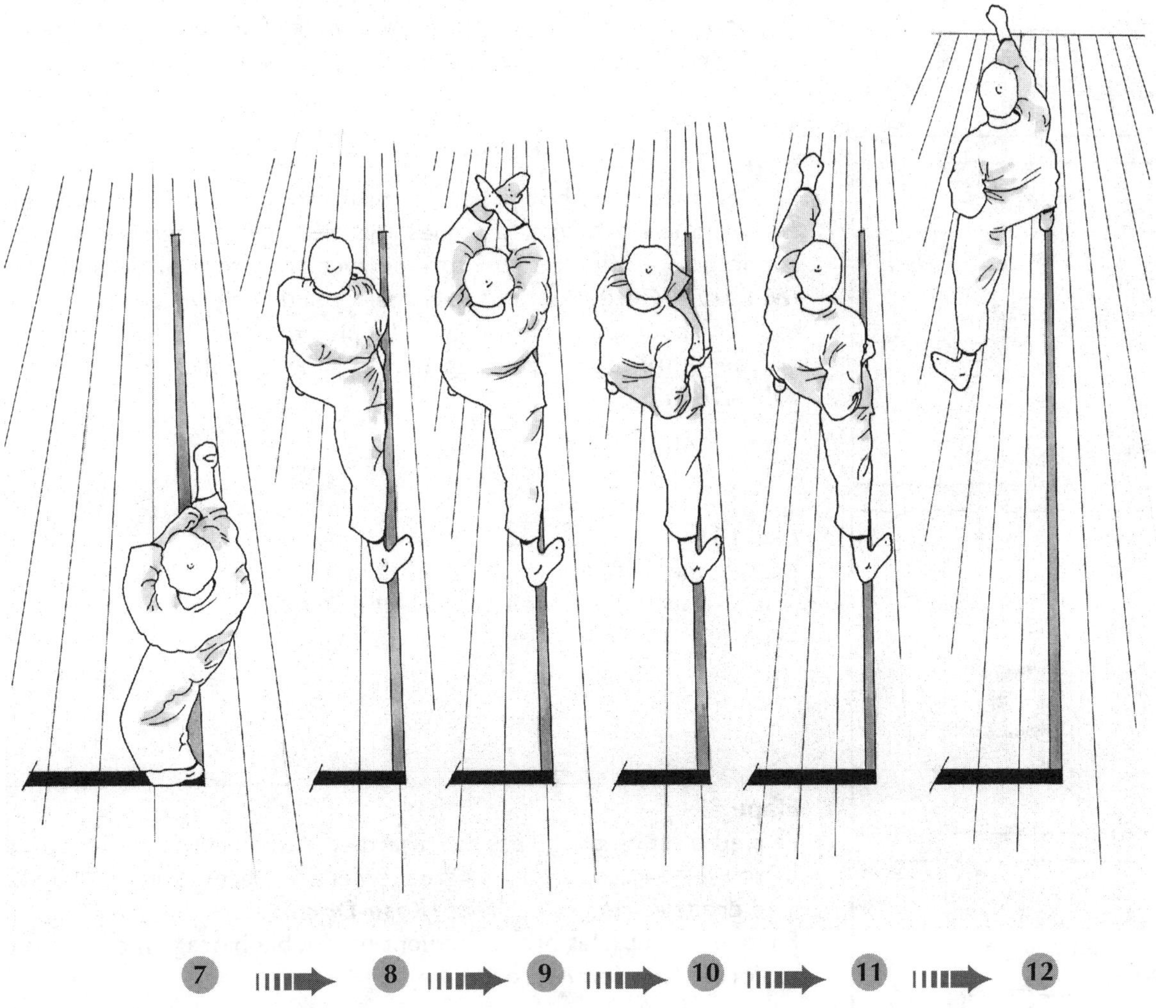
7
8
9
10
11
12

TROISIÈME SÉQUENCE

Le long de l'axe gris.

Etape 13

Le corps entier effectue un demi-tour par la gauche. En même temps, un blocage ***Gedan Barai*** et un écrasement avec le pied droit (***Fumi-Komi***) sont réalisés. Le mouvement se décompose comme suit.
Le regard et la tête effectuent un demi-tour par la gauche.
Le bras droit arme un blocage bas (***Gedan Barai***). Le genou droit se lève, pour préparer un écrasement du pied. Tout le corps pivote autour du pied gauche. La rotation terminée, le pied droit se place sur l'axe gris. Les jambes se placent en position ***Kiba-Dachi***. Le blocage ***Gedan Barai*** droit se réalise en même temps que l'écrasement avec le pied droit (***Fumi-Komi***).

Etape 14

Le regard et la tête effectuent un demi-tour sur la gauche. Le bras gauche effectue sur la gauche un blocage main ouverte, main tendue (***Chudan Kake-Uke***). Le bras droit se place en ***ikite***. Le regard reste dans l'axe du bras gauche.

Etape 15

Le pied gauche ne bouge pas. La main droite est alors considérée comme une cible. Deux attaques sont réalisées successivement. La jambe droite effectue une attaque avec le bord interne du talon (***Mikazuki-Geri***). Puis tout le corps continue de pivoter d'un demi-tour en appui sur le pied gauche. Le pied droit se replace sur l'axe gris, de l'autre côté du pied gauche. Les jambes se placent en position ***Kiba-Dachi***.

Etape 16

Dans le même temps, le coude droit vient frapper dans la paume de la main gauche (***Chudan Empi-Uchi***). Pendant l'enchaînement des deux attaques, le bras gauche ne bouge pas.

Etape 17

Le pied droit ne bouge pas. Le regard et la tête tournent d'un quart de tour sur la droite. Le pied gauche vient se placer juste derrière le pied droit, les jambes croisées (***Kosa-Dachi***).
En même temps, les bras effectuent un double blocage moyen droit renforcé (***Chudan Morote-Uke***).

13a → 13b → 14 → 15 → 16 → 17

TROISIÈME SEQUENCE suite

Le long de l'axe gris.

Etape 18

Le pied droit ne bouge pas. Le regard et la tête effectuent un demi-tour par la gauche. Le regard suit donc toujours l'axe gris. Les jambes se tendent. Le pied gauche s'écarte légèrement du pied droit. Les jambes se placent en position haute (***Renoji-Dachi***). Dans le même temps, le bras droit effectue une attaque directe renforcée du poing vers le haut (***Morote Ushiro Age-Zuki***).

Etape 19a et b

La tête et le regard effectuent un demi-tour par la gauche, entraînant tout le corps dans la même rotation. En même temps, un saut les genoux vers la poitrine est réalisé, les bras armant en ***ikite***. Les pieds retombent sur l'axe gris. Les jambes se fléchissent et se placent en position basse (***Kosa-Dachi***). Les bras effectuent un blocage bas en croix poings fermés (***Gedan Juji-Uke***).

Deuxième kiai.

Etape 20

Le pied gauche ne bouge pas. Le regard et la tête effectuent un demi-tour par la gauche. Le pied gauche se déplace en avant, vers la gauche et vient se placer sur l'axe noir. Les jambes se placent en position ***Zenkutsu-Dachi***. Les bras effectuent un double blocage moyen droit renforcé (***Chudan Morote-Uke***).

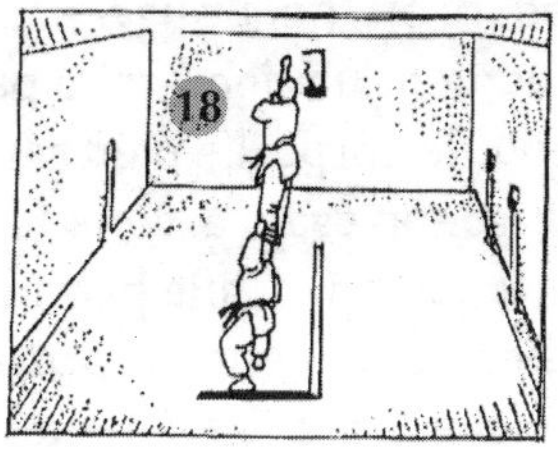
18

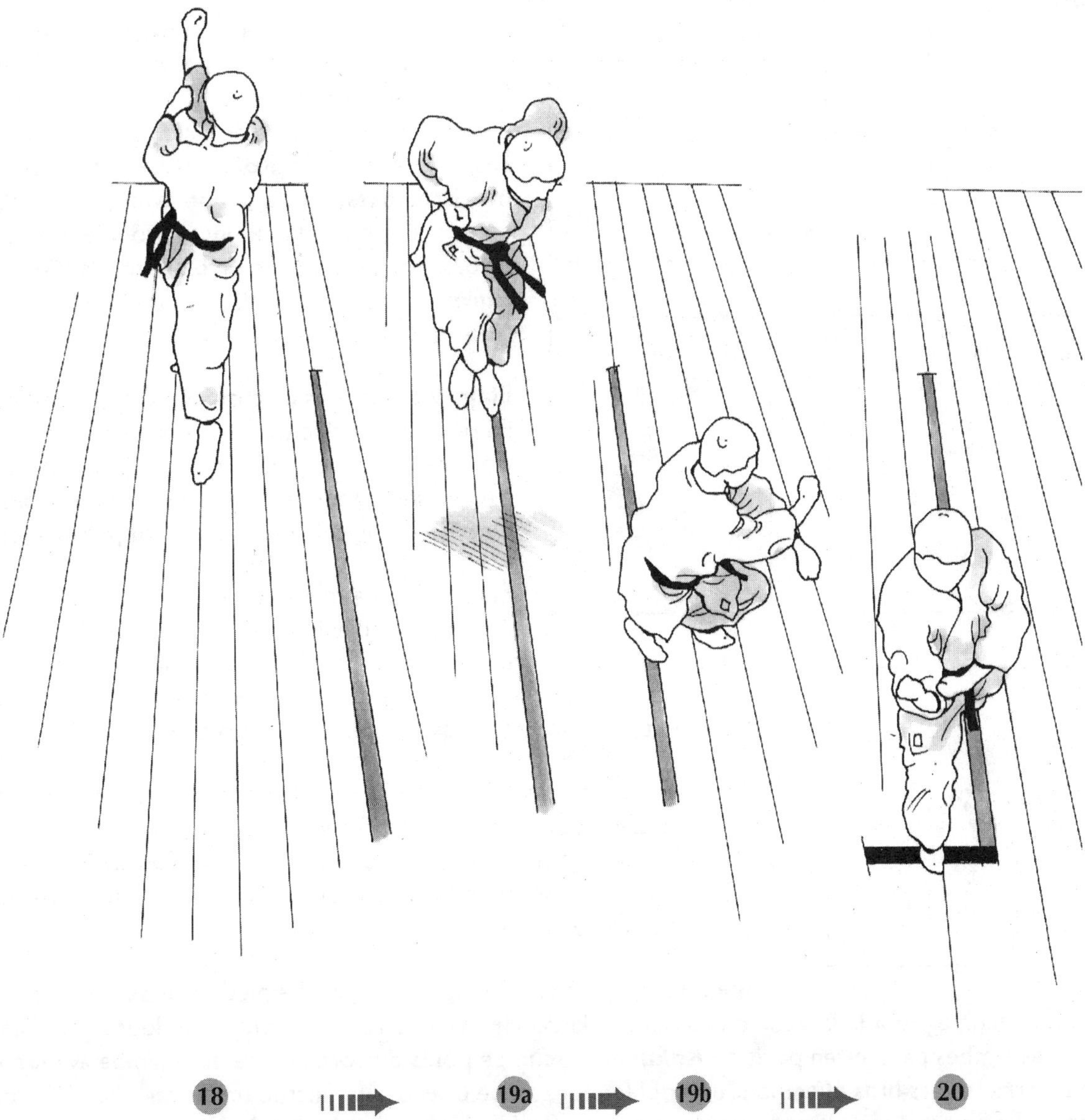
18
19a
19b
20

QUATRIÈME SÉQUENCE

Les six étapes de la quatrième séquence sont réalisées sur place. C'est une série de blocages et de gardes avec des changements de position Zenkutsu-Dachi, Kokutsu-Dachi.

Etape 21a. Le pied droit ne bouge pas. Le regard et la tête effectuent un demi-tour par la gauche, entraînant tout le corps. Le pied gauche se déplace d'une longueur égale à deux fois la largeur des hanches le long d'un axe parallèle à l'axe noir. Les jambes se placent en position ***Zenkutsu-Dachi*** gauche. Dans le même temps, le bras gauche effectue un blocage main ouverte au niveau du cou (***Jodan Nagashi-Uke***). Le bras droit effectue une attaque la main en pique en bas (***Gyaku-Nukite Gedan***).

Etape 21b. Le pied droit ne bouge pas. Le pied gauche se déplace vers la droite sur une longueur égale à la largeur du bassin. Les deux pieds sont donc le long de l'axe gris. Les jambes passent en position ***Kokutsu-Dachi***. Le poids du corps passe de la jambe avant à la jambe arrière. Les bras effectuent un double blocage. Le bras gauche effectue un blocage bas (***Gedan Barai***). Le bras droit effectue un blocage haut (***Jodan Uchi-Uke***).

Etape 22. Les bras ne changent pas de position. Le regard reste fixé sur l'axe gris. Le pied gauche vient rejoindre le pied droit sur l'axe noir. Les jambes se placent en position haute (***Heisoku-Dachi***). Il s'agit d'une garde (***Manji-Kamae***).

Etape 23a. La même séquence est réalisée de l'autre côté. Il existe une version (présentée ici également en position intermédiaire) où celle-ci débute par un changement sur place de la garde ***Manji-Kamae***. Selon une autre version on réalise directement l'enchaînement de l'étape 21a, mais à droite.

Etape 23b. Le pied droit avance d'un demi-pas. Les jambes se placent en position ***Zenkutsu-Dachi*** droit. Dans le même temps, le bras droit effectue un blocage main ouverte au niveau du cou (***Jodan Nagashi-Uke***). Le bras gauche effectue une attaque la main en pique en bas (***Gyaku-Nukite Gedan***).

Etape 23c. Le pied gauche ne bouge pas. Le pied droit se déplace sur une longueur égale à la largeur du bassin sur la gauche. Les deux pieds sont donc le long de l'axe gris. Les jambes passent en position ***Kokutsu-Dachi***. Le poids du corps passe de la jambe avant à la jambe arrière. Les bras effectuent un double blocage. Le bras droit effectue un blocage bas (***Gedan Barai***). Le bras gauche effectue un blocage haut (***Jodan Uchi-Uke***).

RETOUR. Le pied gauche ne bouge pas. Le pied droit vient se placer à l'intersection de l'axe noir et de l'axe gris. Position ***Shizentai***.

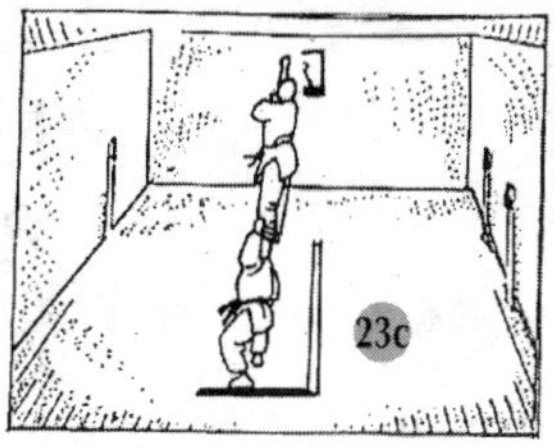

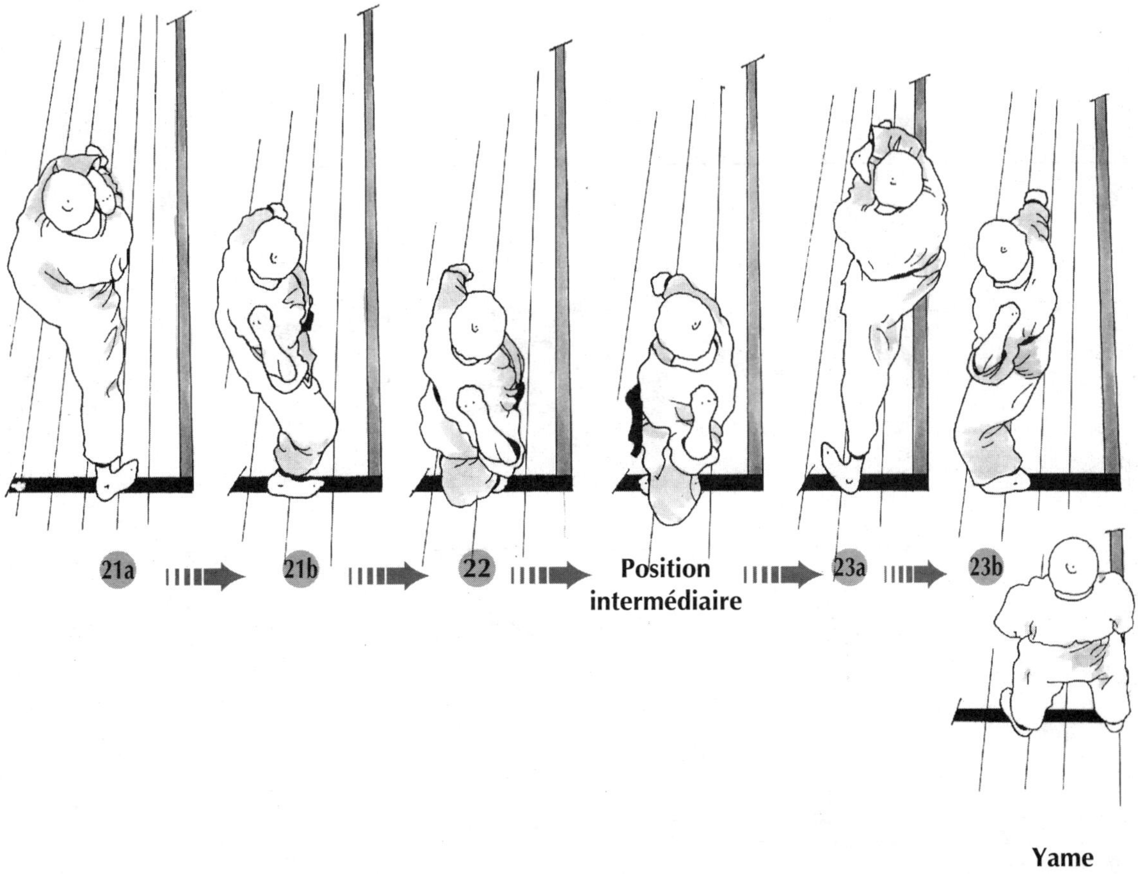

Yame

HEIAN-GODAN APPLICATION

Première séquence

Etape 4
Uke : Chudan Oi-Zuki
Tori : Chudan Uchi-Uke

Etape 5
Tori : Chudan Gyaku-Zuki

Etape 6
Tori : Kagi-Kamae

Etape 1
Uke : Chudan Oi-Zuki
Tori : Chudan Uchi-Uke

Etape 2
Tori : Chudan Gyaku-Zuki

Etape 3
Tori : Kagi-Kamae

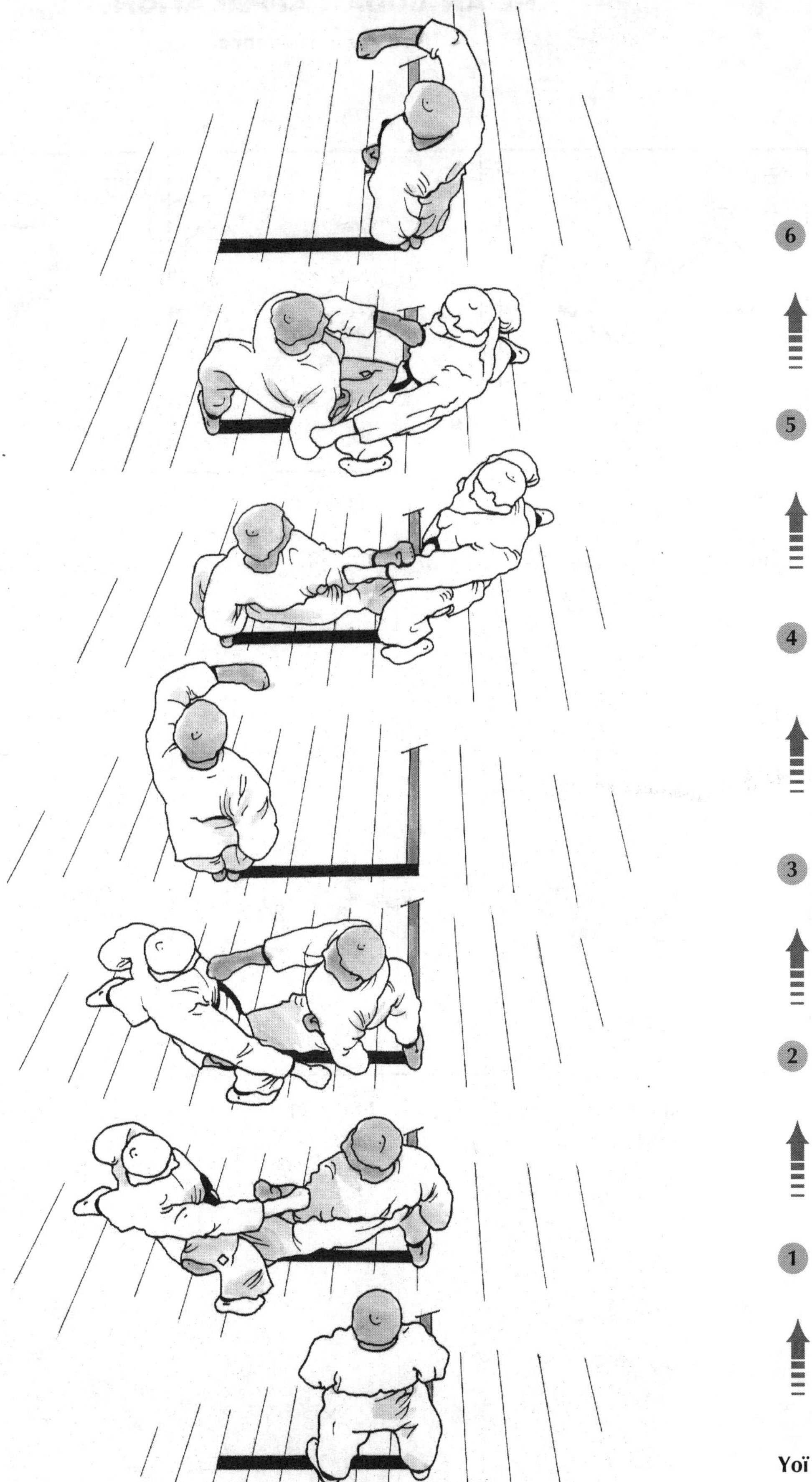
6
5
4
3
2
1
Yoï

HEIAN-GODAN APPLICATION

Deuxième séquence

Etape 7
Uke : Chudan Oi-Zuki
Tori : Chudan Morote-Uke

Etape 8
Uke : Chudan Mae-Geri
Tori : Gedan Juji-Uke

Etape 9
Uke : Jodan Oi-Zuki
Tori : Jodan Juji-Uke

Etape 10
Tori : Osae-Uke

Etape 11
Tori : Jodan Oi-Zuki
ou Tetsui-Uchi

Etape 12
Tori : Chudan Oi-Zuki

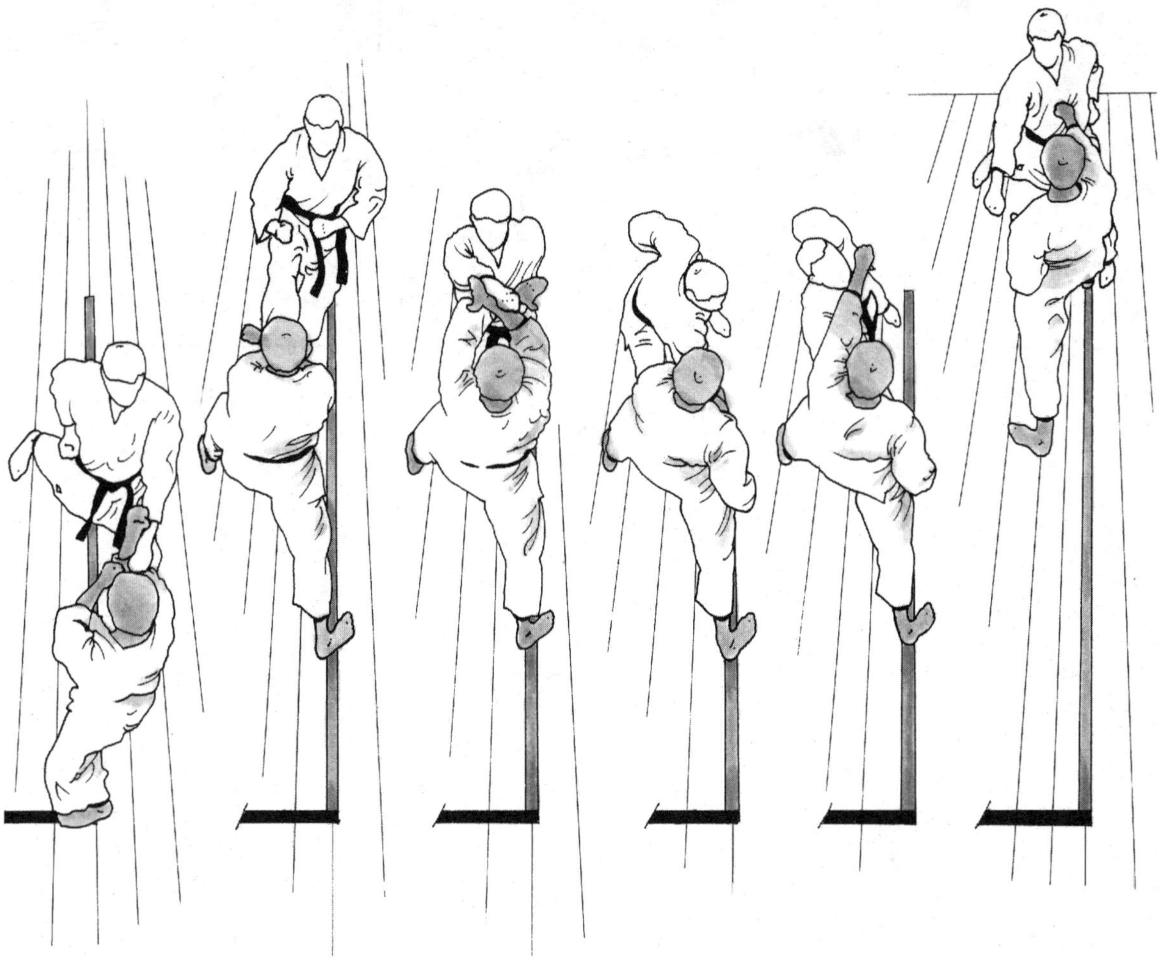

7 → 8 → 9 → 10 → 11 → 12

Kiai

HEIAN-GODAN APPLICATION

Troisième séquence

Etape 13a
Uke : Chudan Mae-Geri
Tori : Blocage

Etape 13b
Uke : Chudan Oi-Zuki
Tori : Gedan Barai

Etape 14
Uke : Chudan Oi-Zuki
Tori : Chudan Kake-Uke

Etape 15
Tori : Jodan Mikazuki-Geri

Etape 16
Tori : Chudan Empi-Uchi

Etape 17
Uke : Chudan Oi-Zuki
Tori : Chudan Morote-Uke

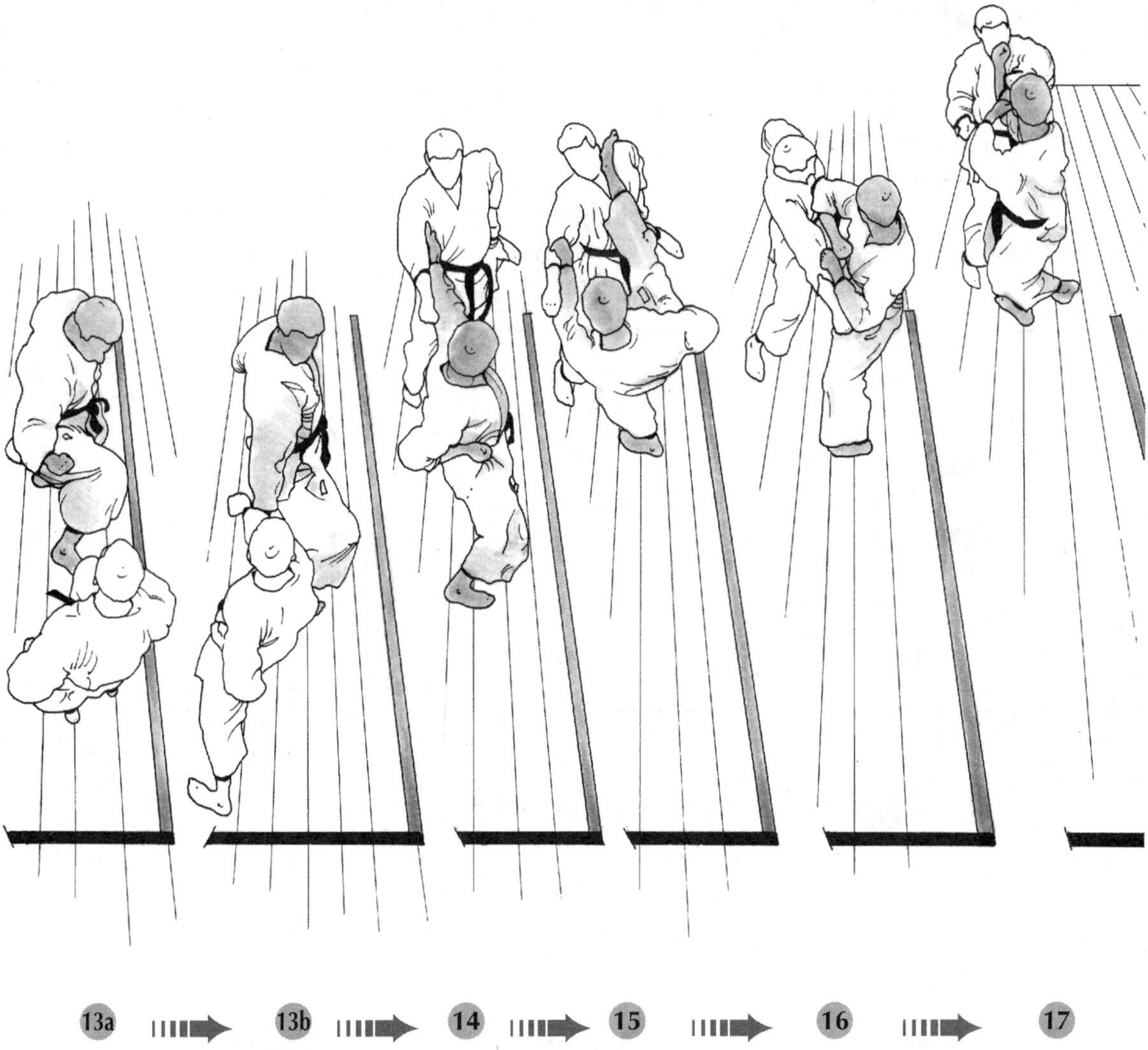
13a
13b
14
15
16
17

HEIAN-GODAN APPLICATION

Fin de troisième séquence et quatrième séquence

Etape 18
Tori : Morote Ushiro Age-Zuki

Etape 19
Uke : Gedan Mae-Geri
Tori : Gedan Juji-Uke

Etape 20
Uke : Chudan Oi-Zuki
Tori : Chudan Morote-Uke

Etape 21a
Uke : Saisie
Tori : Jodan Magashi-Uke

Etape 21a
Uke : Chudan Gyaku-Zuki
Tori : Gyaku-Nukite Gedan

Position intermédiaire
Selon version

Etape 23a
Saisie

Etape 23a
Uke : Chudan Gyaku-Zuki
Tori : Gyaku-Nukite Gedan

Etape 23b
Tori : Gedan Barai

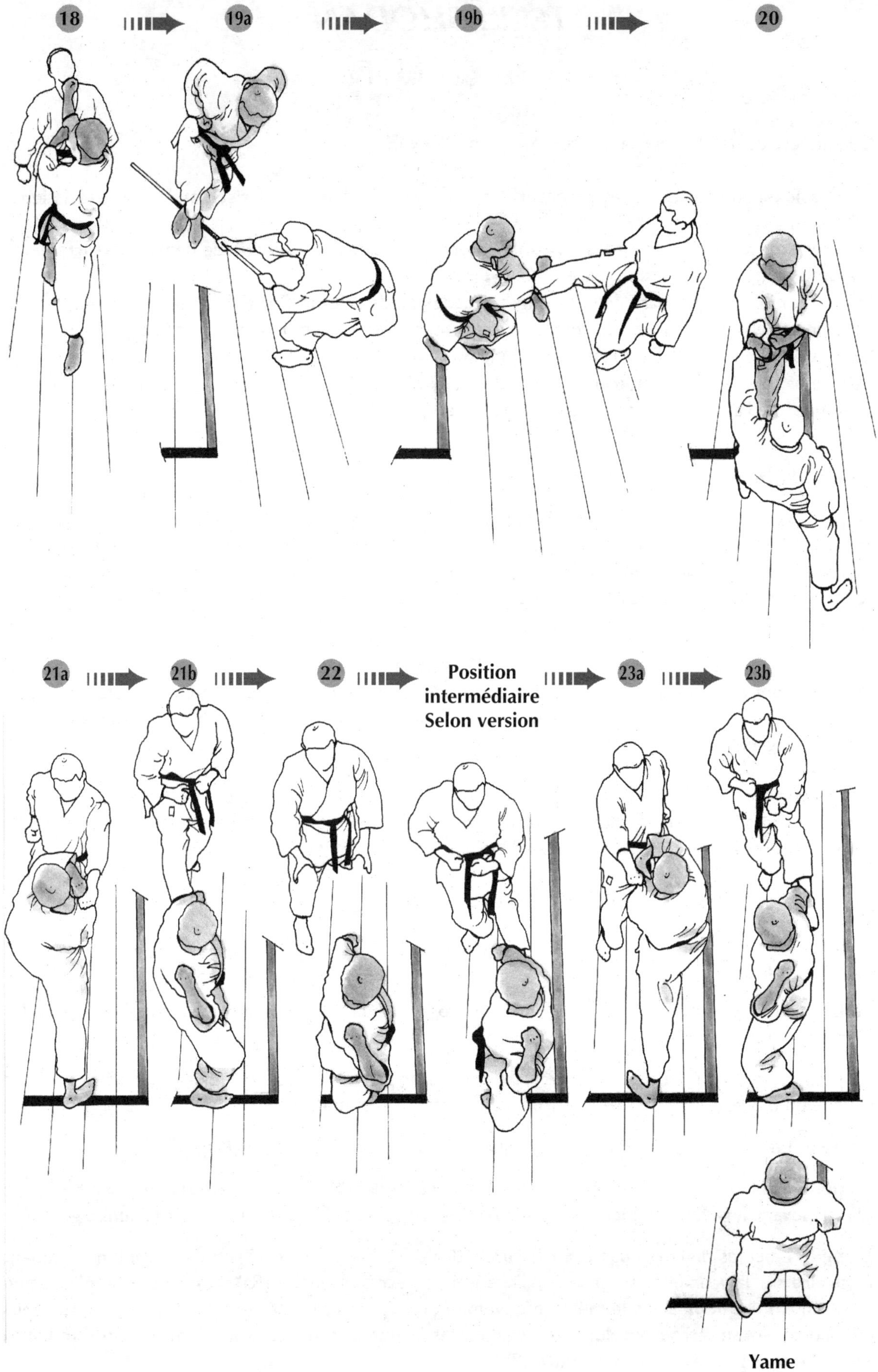
18
19a
19b
20
21a
21b
22
Position intermédiaire Selon version
23a
23b
Yame

TEKKI-SHODAN

鉄騎初段

Ce kata est demandé pour la ceinture marron (3e kyu).

Le kata Tekki Shodan est assez différent des katas Heian et se singularise par les caractéristiques suivantes.
Tous les mouvements, hormis les positions intermédiaires (***Kosa-Dachi***), de départ et d'arrivée, se réalisent dans la position du cavalier (***Kiba-Dachi***).
Le travail réalisé, mis à part deux blocages avec les pieds (***Nami-Gaeshi***) et deux écrasements, se fait principalement au niveau des bras qui exécutent une série de blocages et d'attaques.
Les déplacements ne s'effectuent que le long de l'axe noir.
Le kata est totalement symétrique. Les techniques réalisées d'un côté dans la première partie sont effectuées de l'autre côté dans la deuxième partie.

Position ***Shizentai***.

Etape 1. Le corps est en position ***Shizentai***. Le pied gauche ne bouge pas. Le pied droit vient se coller le long du pied gauche ; parallèlement, la main gauche vient recouvrir la main droite, dans l'axe du corps. Selon une autre version, le départ s'effectue talons serrés, bras le long du corps. Les bras restent tendus, la main gauche vient se placer sur la main droite, pendant que les pointes des pieds se rejoignent.

Etape 2. Puis le regard et la tête pivotent à 90° vers la droite et se fixent le long de l'axe noir. Les mains restent croisées devant. Le pied gauche vient se placer devant et à droite du pied droit, les jambes se fléchissent. Le poids du corps est sur la jambe droite (***Kosa-Dachi***) (2a) avant de passer sur le pied gauche. La jambe droite effectue un grand mouvement circulaire (2b), le pied droit vient se poser sur l'axe noir en écrasant le sol. Les jambes se placent en position ***Kiba-Dachi***. Pendant ce mouvement, les mains restent croisées devant le corps. Dès que le pied droit a touché le sol, le bras droit se détend sur le côté et la main droite effectue un blocage main ouverte avec le dos de la main, à moyen niveau (***Chudan Kake-Uke***). Le bras gauche se place en ***ikite*** (2c).

Les étapes 3, 4, 5 et 6 se réalisent sur place.

Etape 3. Le tronc effectue une rotation à droite et le coude gauche vient frapper dans la main droite (***Chudan Empi-Uchi***).

Etape 4. Les deux poings fermés viennent se poser sur la hanche droite, l'un sur l'autre (***Koshi-Kamae***). Le regard et la tête restent toujours orientés à droite.

Etape 5. Le regard et la tête effectuent un demi-tour par la gauche. Le bras gauche effectue sur la gauche un blocage bas (***Gedan Barai***). Le bras droit reste en ***ikite***.

Etape 6. Le poing droit effectue une attaque circulaire courte du poing (***Kagi-Zuki***).

Etape 7. Les bras ne bougent pas. Le haut du corps se déplace sur la gauche, le pied droit vient se placer devant, à gauche du pied gauche (***Kosa-Dachi***). Le poids du corps est sur la jambe gauche.

Etape 8. Le poids du corps passe sur la jambe droite.Le pied gauche effectue un grand mouvement circulaire sur la gauche et se pose sur l'axe noir en écrasant le sol (8a). Les jambes se placent en position ***Kiba-Dachi***. Dans le même mouvement, le regard et la tête tournent d'un quart de tour sur la droite et se retrouvent donc de face. Le bras droit effectue un blocage moyen (***Chudan Uchi-Uke***). Le bras gauche se place en ***ikite*** (8b).

Etape 1
Heisoku-Dachi

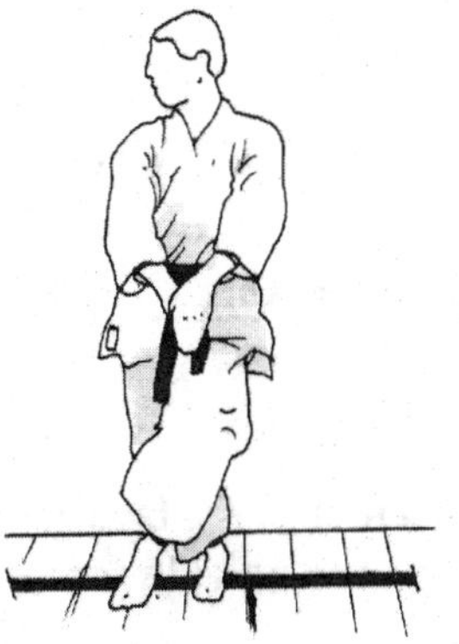

Etape 2a
Kosa-Dachi

Etape 2b
Etape intermédiaire

Etape 2c
Chudan Kake-Uke / Kiba-Dachi

Etape 3
Chudan Empi-Uchi / Kiba-Dachi

Etape 4
Koshi-Kamae / Kiba-Dachi

Etape 5
Gedan Barai / Kiba-Dachi

Etape 6
Chudan Kagi-Zuki / Kiba-Dachi

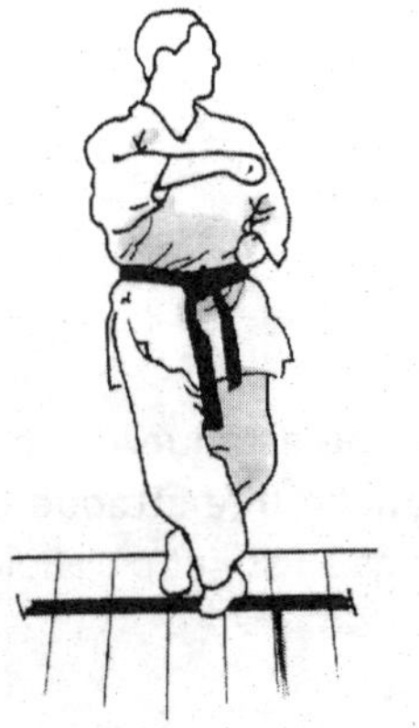

Etape 7
Kosa-Dachi

Etape 8
Etape intermédiaire

Les étapes 9, 10, 11, 12, 13, 14, 15 et 16 se réalisent sur place.

Etape 9a
Le bras gauche se plie et effectue un blocage poing fermé près du visage (***Jodan Nagashi-Uke***). Le bras droit se tend et effectue un blocage bras tendu (***Gedan Barai***).
Ces deux techniques sont simultanées.

Etape 9 b
Le bras gauche se tend et exécute une attaque directe du poing, au niveau du visage, paume vers le ciel (***Jodan Ura-Zuki***). Le bras droit se plie. Le poing droit vient se placer sous le coude gauche, en protection. Le regard est toujours de face.

Etape 10
Le regard et la tête tournent d'un quart de tour sur la gauche.

Etape11a
Le pied gauche effectue un blocage sur place avec le dessous du pied (***Nami-Gaeshi***).

Etape 11b
Le pied gauche se repose sur le sol, les jambes se replacent en position ***Kiba-Dachi***, et le bras gauche effectue à gauche un blocage moyen latéral, le poing droit collé au coude gauche pour le renforcer (***Chudan Uchi-Uke***).

Etape 12
Le regard et la tête effectuent un demi-tour par la droite.

Etape 13a
La jambe droite effectue un blocage sur place avec le dessous du pied (***Nami-Gaeshi***).

Etape 13 b
Le pied droit se pose sur l'axe noir, les jambes se placent en position ***Kiba-Dachi***. Le bras gauche effectue sur la droite un blocage moyen (***Chudan Soto-Uke***). Le poing droit reste collé au coude gauche, pour renforcer le blocage.

Etape 14
Le regard et la tête effectuent un demi-tour par la gauche, les deux poings se placent en garde sur le côté droit, l'un sur l'autre (***Koshi-Kamae***).

Etape 15
Le bras gauche réalise sur la gauche une attaque directe du poing à moyen niveau (***Chudan Oi-Zuki***). Le bras droit effectue sur la gauche une attaque circulaire courte à moyen niveau (***Chudan Kagi-Zuki***). Les deux bras sont parallèles au sol et parallèles entre eux. Cette double attaque s'appelle ***Morote-Zuki***.

Premier kiai.

Etape 8b
Chudan Uchi-Uke / Kiba-Dachi

Etape 9a
Jodan Nagashi-Uke / Gedan Barai
Kiba-Dachi

Etape 9b
Jodan Ura-Zuki / Kiba-Dachi

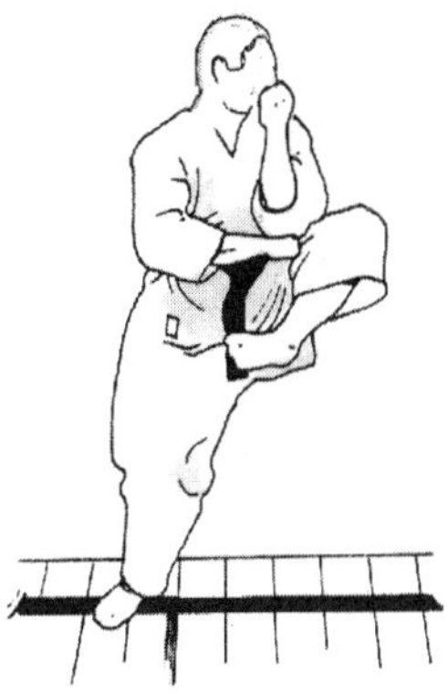

Etape 11a
Nami-Gaeshi / Kiba-Dachi

Etape 11b
Chudan Uchi-Uke / Kiba-Dachi

Etape 13a
Nami-Gaeshi / Kiba-Dachi

Etape 13b
Chudan Soto-Uke / Kiba-Dachi

Etape 14
Koshi-Kamae / Kiba-Dachi

Etape 15
Morote-Zuki / Kiba-Dachi

Vous réalisez maintenant les mêmes mouvements du côté opposé.

Etape 16

Le bras gauche se détend lentement sur le côté et la main gauche effectue un blocage main ouverte avec le dos de la main à moyen niveau (***Chudan Kake-Uke***).
Le bras droit se place en ***ikite***.

Les étapes17, 18, 19 et 20 se réalisent sur place.

Etape 17

Le tronc effectue une rotation à gauche et le coude droit vient frapper dans la main gauche (***Chudan Empi-Uchi***).

Etape 18

Les deux poings fermés viennent se poser sur la hanche gauche, l'un sur l'autre (***Koshi-Kamae***).
Le regard et la tête sont toujours orientés à gauche.

Etape 19

Le regard et la tête effectuent un demi-tour par la droite.
Le bras droit effectue sur la droite un blocage bas (***Gedan Barai***).
Le bras gauche reste en ***ikite***.

Etape 20

Le poing droit effectue une attaque circulaire courte du poing (***Kagi-Zuki***).

Etape 21

Les bras ne bougent pas. Le haut du corps se déplace sur la droite et le pied gauche vient se placer devant et à droite du pied droit (***Kosa-Dachi***).
Le poids du corps est sur la jambe droite.

Etape 22

Le poids du corps passe sur la jambe gauche.
Le pied droit effectue un grand mouvement circulaire sur la droite (22a). Il se pose sur l'axe noir en écrasant le sol.
Les jambes se placent en position ***Kiba-Dachi***. En même temps que le pied droit se pose sur le sol, le regard et la tête pivotent à 90° sur la gauche et se retrouvent donc de face. Le bras gauche effectue un blocage moyen (***Chudan Uchi-Uke***).
Le bras droit se place en ***ikite*** (22b).

Les étapes 23, 24, 25, 26, 27, 28, 29 et 30 se réalisent sur place.

Etape 16
Chudan Kake-Uke / Kiba-Dachi

Etape 17
Chudan Empi-Uchi / Kiba-Dachi

Etape 18
Koshi-Kamae / Kiba-Dachi

Etape 19
Gedan Barai / Kiba-Dachi

Etape 20
Chudan Kagi-Zuki / Kiba-Dachi

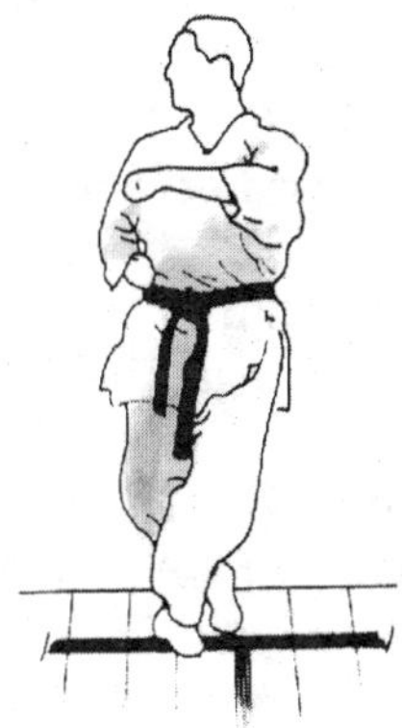

Etape 21
Kiba-Dachi

Etape 22a
Etape intermédiaire

Etape 22b
Chudan Uchi-Uke / Kiba-Dachi

Etape 23a (sur place)
Jodan Nagashi-Uke
Gedan Barai / Kiba-Dachi

Etape 23a
Le bras droit se plie et effectue un blocage poing fermé près du visage (***Jodan Nagashi-Uke***). Le bras gauche se tend et effectue un blocage bras tendu (***Gedan Barai***). Ces deux techniques sont simultanées.

Etape 23 b
Le bras droit se tend et exécute une attaque directe du poing, au niveau du visage, paume vers le ciel (***Jodan Ura-Zuki***). Le bras gauche se plie. Le poing gauche vient se placer sous le coude droit, en protection. Le regard est toujours de face.

Etape 24
Le regard et la tête pivotent à 90° sur la droite.

Etape 25a
Le pied droit effectue un blocage sur place avec le dessous du pied (***Nami-Gaeshi***).

Etape 25b
En même temps que le pied droit se repose sur le sol, les jambes se replacent en position (***Kiba-Dachi***), le bras droit effectue à droite un blocage moyen latéral, le poing gauche reste collé au coude droit pour renforcer le blocage (***Chudan Uchi-Uke***).

Etape 26
Le regard et le tête effectuent un demi-tour par la gauche.

Etape 27a
La jambe gauche effectue un blocage sur place avec le dessous du pied (***Nami-Gaeshi***).

Etape 27b
En même temps que le pied gauche se pose sur l'axe noir et que les jambes se placent en position ***Kiba-Dachi***, le bras droit effectue sur la gauche un blocage moyen (***Chudan Soto-Uke***). Le poing gauche reste collé au coude droit, pour renforcer le blocage.

Etape 28
Le regard et la tête effectuent un demi-tour par la droite, les deux poings se placent en garde sur la hanche gauche, l'un sur l'autre (***Koshi-Kamae***).

Etape 29
Dans le même temps, le bras droit attaque sur la droite par un coup direct du poing à moyen niveau (***Chudan Oi-Zuki***). Le bras gauche effectue sur la droite une attaque circulaire courte à moyen niveau (***Chudan Kagi-Zuki***). Les deux bras sont parallèles au sol et parallèles entre eux. Cette double attaque s'appelle ***Morote-Zuki***.

Deuxième kiai.

RETOUR
Dans une parfaite synchronisation, le regard et la tête pivotent de 90° sur la gauche, le pied droit vient rejoindre le pied gauche, la main gauche vient recouvrir la main droite dans l'axe du corps. Puis selon la version du salut étudiée, vous vous replacez en position ***Shizentai*** directement, ou vous passez par l'étape intermédiaire talons joints, mains tendues le long des cuisses.

TEMPO

1–2–3–4,5–6,7–8–9a,9b–10,11a,11b–12,13a,13b–14,15 Kiai–16–17,18–19,
20–21–22–23a,23b–24,25a,25b–26,27a,27b–28,29 Kiai.

Etape 23b
Jodan Ura-Zuki / Kiba-Dachi

Etape 24
Tête tournée à droite

Etape 25a
Nami-Gaeshi / Kiba-Dachi

Etape 25b
Chudan Uchi-Uke / Kiba-Dachi

Etape 27a
Nami-Gaeshi / Kiba-Dachi

Etape 27b
Chudan Soto-Uke / Kiba-Dachi

Etape 28
Koshi-Kamae / Kiba-Dachi

Etape 29
Kiba-Dachi

Kiai

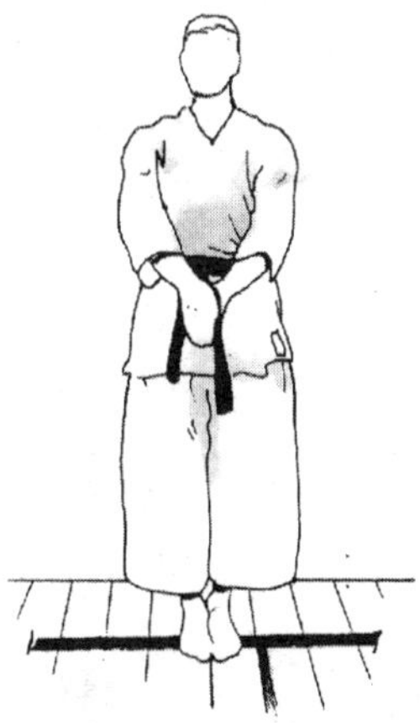

TABLE DES MATIÈRES

Imprimé en France par I.M.E. - 25110 Baume-les-Dames
Dépôt légal : Novembre 1998 - N° imprimeur : 12881